70歳
自分にお弁当を作る
満ち足りた生活

茶々

はじめに

はじめまして、茶々と申します。

「茶々」の名付けの理由は、幼い頃からの愛称が「チャコ」で、夫にチャーと呼ばれていたこと、私の瞳の色が茶色なこと。

あまり幸せとは言えない少女時代、ふと目にした雑誌の占いコーナーに、「茶色い瞳の子は茶目っ気のあるお茶目さん」とあり。

茶色い瞳を自覚していた私は、ああ、本来の私はお茶目さんなのかと、なんだかエールを送られた気になって嬉しくて、茶色の瞳が自慢になり、茶色が大好きになりました。

茶色はおいしい色でもあります。

私が毎日作るお弁当も、最初は茶色です。そこに卵の黄色、おひたしの緑、トマトの赤などをのせていくと、みるまに彩り豊かなお弁当に変わっていきます。その変化の過程がすごく好きで、作るたびに心がときめきます。

お弁当箱の思い出といえば、ある日、高校生だった次女がお小遣いで四角いアルマイトの弁当箱を買ってきて、それを愛用していました。ところが修学旅行から帰ってきた日に、あの弁当箱はもう使わないからと一言。広島平和記念資料館で、よく似た弁当箱を見て、ショックを受けたようでした。ずっとあとに、夫とふたりでその資料館を訪れ、黒焦げのアルマイトの弁当箱の前で、しばし立ちすくみました。

毎日お弁当を作れる今の幸せを、大切にしていかなければ。

目次

はじめに……2
朝の散歩で行く公園……10
保存食作り……12
夫に作っていたお弁当……14
ブログに上げている自分弁当……15

第1章 春

19歳で**食堂**の店主に！……18
かわいいカフェにも憧れたけれど……18
おにぎり店から始まった忙しすぎる毎日……20
母の名アドバイス・結婚相手は**お酒**を飲ませて選ぶ……22
大根と厚揚げの煮ものから始まった「永遠の67歳」のブログ……24
20人分で375円の**べっこうあめ**が「体操の会」のおやつの最安値……26
自家製の**桜の花の塩漬け**は初孫の記念樹の副産物……28
尾頭つきの鯛も**プリン**もノンフライヤーで……30
お姉さんたちをなぜか元気にする**山菜**採りの謎……32
卵かけご飯と**納豆ご飯**の日々から抜け出せたのは、ブログのおかげ……34
おいしそうな**あんパン**の写真、ブログにのせるときはご用心……36

原材料の表示を読み解いて作った
茶々流・**干したけのこ**……38
藤井フミヤさんのおかげで知った
山口名物・**瓦そば**……40
私と子どもには**にしん**、
夫だけ**ししゃも**の不公平な食卓……42
小さな戦いをしながら作る
毎日の**お弁当**……44
卵焼きは
甘い派？　しょっぱい派？……46
毎日のお弁当……50
私の自慢料理……56
常備菜いろいろ……60
体操の会のおやつ……62
孫に送る手作りケーキ……64

第2章　夏

ケーキ作りの翌日は
特製**マリトッツォ**で優雅な朝食……66
もうからないけど、作り続ける。
私は謎の**ケーキ**屋さん……68
みょうがは好きじゃないけれど
毎年たくさん食べています……70
砂風呂も**ちゃんぽん**もなし!?
電車に乗ってばかりの新婚旅行……72
私の手作りカレーより
超甘口カレーが夫の好み……74
曲げわっぱに入れた**かに玉丼**は
食べる前に別容器へ？……76
皮が破れた**赤飯まんじゅう**は自分用。
料理に関しては完璧主義なので……78

「一生**食べもの**には困らない」私と「だれとも合わない」母……80
「ごはんの準備してる?」は**お寿司**のサイン……82
お弁当に**しょうゆ**を入れ忘れるのもやさしい妻の愛……84
小学校の修学旅行で失敗しても**柿ピー**好きはかわらない……86
すき焼き鍋で作った初めての**スポンジケーキ**……88
鶏のゆで汁は冷凍して**ラーメン**のスープに!……90
ささみの一夜干しで手に入れた三ツ星シェフの称号……92
ロコモコ弁当でよみがえる3回行ったハワイの思い出……94
何でも手作り……98
干す……102
冷凍庫にあるもの……108
娘たちに送るおせち……110

第3章 秋

大根、むかご、ゴーヤに菊。朝の散歩は大豊作……114
想像で作る**トーストサンド**はアジアの屋台の味……116
卵に逃げなかった日は「勝った!」と思う……118

じゃがいもは、皮をむく前に洗いますか？……120
栗の木に、**くるみ**の木。食いしん坊流の見分け方……122
とんかつソースさえあればおかずなんかいらない……124
母も大好きだった夫が作る**干し柿**……126
毎日買っていた**ゼリービーンズ**はだれのため？……128
娘との温泉小旅行から連れ帰ってきた**おせんべい**……130
配合をかえて焼き続けた**台湾カステラ**……132
炒り鶏を作るとき、いつ味見をしていますか？……134
わが家の定番、**納豆麻婆豆腐**＆**卵なしカルボナーラ**……136
おかずに迷ったときの強い味方・**野菜炒め**……138
無理せずに続けたいから**だし汁**は冷蔵庫で……140
センスが今ひとつのプレゼントを思い出す、自分のための**お赤飯**……142
思い出の写真……146
食堂の店主でした……148
〝推し〟はフミヤさん……150

第4章 冬

12月恒例の**おせち**作り。なぜか毎年、品数が増えていく……154
1尾1000円で**新巻鮭**を仕込む……156
おせちの定番・**鶏肉の黄菊はさみ焼き**。そして、菊といえば……158
フミヤさんにもらった**お菓子**と写真写りの痛恨の失敗……160
今では私しか作れない夫が好きだった**白菜漬け**……162
ひとり暮らしだからできる。まさかの**たい焼き**ディナー……164
夫の好物だった**おでん**はリメイクし放題の便利おかず……166
小皿料理を楽しむ……170
料理は日々工夫と発見……172
海岸も散歩コース……174
残りものを盛るだけ！ のごちそう・**小皿料理**……176
私を虜にしたフミヤさんに夫が**焼きもち**!?……178
レシピ……180
おわりに……190

デザイン　菅谷真理子（マルサンカク）
撮影　黒川ひろみ
DTP　浦谷康晴（G8）
校正　麦秋アートセンター
編集協力　野口久美子
編集　原田裕子（KADOKAWA）

自然豊かな地に住んでいます。自然の恵みをいただく日々。

朝の散歩で行く公園

雨が降っていても、傘をさして出かけます。1万歩近く歩くことも。

山椒の木（写真上）。根元のあたりに若い山椒が生えているのを見つけることも（写真下）。家庭菜園にも山椒を植え、木の芽や実を楽しんでいます。

保存食作り

一日の大半をキッチンで過ごしています。鮭1尾は切り身にして、まとめてみそ粕漬けに。

→レシピはP184

梅干しはしょっぱすぎない塩分5%と10%で漬けます。
漬けるときから冷蔵庫に入れるのがポイント。

旬の食材を保存食に。にんにくはみじん切りをオリーブオイル漬け、1片ずつをしょうゆ漬けとはちみつしょうゆ漬けにして。

夫に作っていたお弁当

春のお弁当。アスパラの肉巻きがメインおかず。ご飯の量はひかえめ。

とんカツとポテトはノンフライヤーで（P30参照）。左上は皮をむいたプラム。

ときにはこんなお弁当も。本当は顔を描いたりするのは苦手です。

ブログに上げている自分弁当

こちらも春のお弁当。たけのこの土佐煮に木の芽をあしらって、季節感を出しています。

ちくわやハムをくるくる巻くだけで立派なおかずに。りんごの飾り切りはお弁当が華やぐ。

彩りやあしらいにこだわるのは、ブログを見てくださる方のため、という気持ちもあります。

かつて営んでいた食堂では、テイクアウトの握りたておにぎりが好評でした。

第1章

春

母を手伝って食堂を始め、
夫と出会って結婚し……。
人生の春ともいえる時期は
私にとって、楽しくも忙しいものでした。

〈 diner 〉

19歳で食堂の店主に！
かわいいカフェにも憧れたけれど……

高校卒業後、東京で就職した私は、会社員をしながら夜間の調理師学校に通いはじめました。地元にいた母は、ひとりで鶏料理の店をやっていました。

夏休みに帰省すると、出迎えた母が松葉杖をついている！「どうしたの？」と聞くと、足を骨折したとか。知らん顔もできないので店の仕事を手伝ううちに、なぜか私は会社を辞め、母と一緒に働く約束をさせられていました。

いったん東京に戻り、年度末まで働いて会社と調理師学校を辞めました。そして地元に戻ると、あれ？　母の店の隣に新しい店が1軒建っている？

なんとそれは、私の店。もちろん母からは、相談などいっさいありません。

私が断れない性格なのを見越して「できないわけないだろう」と……。私も、店がすでにできているのに逃げ出すこともできませんでした。

母は、商才のある人でした。「娘のためにレールを敷いてくれた」わけじゃない。「自分のためにレールを敷いて、私を無理やりそこに押し上げた」ようなものです。本当に、付き合うのがかなりたいへんな母だった！

当時の私は、19歳の小娘です。1年間料理の勉強をしたとはいえ、たいした料理ができるわけでもない。かわいいカフェみたいなお店への憧れはあったけれど、そもそも、どう見ても店のつくりがカフェじゃない！

というわけで、定食や丼ものを出す食堂として営業を始めました。反抗して、メニューにプリンやあんみつを入れてみたこともあったけれど、売れずに断念。あたりまえですよね。食堂にスイーツを食べに来る人なんていないから。

結局、人気メニューは麺類やカツ丼、地元では珍しかったルーから作るカレー。気がついたら、私は朝から晩まで働いていました。お給料ももらわずに！

rice ball

おにぎり店から始まった忙しすぎる毎日

昼間は自分の食堂、夜は母の鶏料理の店を手伝う生活を8年ほど続けた頃、母が離婚。2軒の店と住まいを明け渡し、場所をかえて新しい店を始めることになりました。新しい店は、なんとおにぎり店！　言い出したのは、もちろん母です。今のように、コンビニエンスストアでおにぎりを買うのがあたりまえ、という時代ではありません。母が店でその話をしたところ、居合わせたお客さんに「握り飯なんか、だれが買うか」と笑われました。

でも母は、そこで負けずにひと言。「これからは、あんたたちなんかを相手にするんじゃない。全国を相手にするんだからね」。新しい店は、交通量の多い国道沿い。近くには海水浴場もあります。母はその場所なら、トラックの運転手さんや海水浴客におにぎりが売れるに違いない、と読んだようなのです。

その読みは正しく、おにぎり店は成功しました。母はすかさず店を拡大！　おにぎりとお弁当の販売に加え、食事もできる大きな店を作ったのです。

ありがたいことに、その店も大繁盛しました。ただし、おにぎりは母の担当でしたが、お弁当と店で出す料理を作るのは私です。こんな大きな店を私ひとりで回すのは絶対に無理！　と最初から思っていたのですが、お店を開けてみたら予想以上の忙しさ。結局、別の場所で飲食店をしていた兄を呼び寄せ、手伝ってもらうことになりました。

お弁当は、その場で渡すもののほかに、注文を受けて用意するものもあります。でも通常のお弁当と店の料理を作りながら、さらに注文のお弁当を作るのはかなりたいへん。それなのに母は、深く考えもせず、100でも200でも注文を受けてしまう！　もう毎日がてんてこ舞いでした。

beer

母の名アドバイス・結婚相手は お酒 を飲ませて選ぶ

夫との出会いは、母の鶏料理の店でした。近くに比較的大きな会社があったこともあり、お酒も出す母の店には、若いお客さまも来ました。19歳の私が店の厨房にいると、カウンターに20代の男性がズラーッと並ぶ！　もちろん、若くてかわいい私がめあてです（笑）。

若手社員はそれほどお給料がよいわけではありません。だから、みんなビールをチビチビ飲むだけ。料理の注文は入りません。母からはよく、「茶々が手伝いに来ると、お金を使わないお客さんしか来ない」とブツブツ言われました。

あるとき、よく一緒にお店にくる7～8人から、「ひとりずつ順番にデートしてください」と言われました。全員でフェアに振る舞うと約束したから、安心してほしい、と。私にはその中に「この人がいいな」と思っていた人がいたのですが、そうとも言えず、週替わりでデートすることになったんです。

最初にデートした人は高いところに登るときに手を貸してくれ、その後、「しまった、手を握っちゃったなあ」と困った顔。どうやら、デートのときに「してはいけないこと」に関して厳しいルールがあったようです。

3人めのデートの相手だったのが、夫です。私は本命にしか作らないと決めていたお弁当を持参し、結果的に残りのデートの約束は断ることになりました。

母から教わったことの中でいちばん役に立ったのが、「結婚相手を選ぶときは、お酒を飲ませなさい」。酔っぱらうと本性が出る、ということでしょう。

母の店は、お酒を飲んだときの様子を観察するのには絶好の場所でした。夫は、酔っぱらうとコテンと寝てしまうタイプ。おまけにやさしそうで……。というわけで、デートする前から私の気持ちは決まっていたんです。

stewed-dishes

大根と厚揚げの煮ものから始まった「永遠の67歳」のブログ

夫が亡くなり、ひとりになってつらかった時期にブログを始めてみようと思ったのは、記録代わりに夫の闘病ブログを書いていた経験からかもしれません。以前のブログはあくまで自分のための記録で、だれかに読んでもらうための記事ではありません。でも、書く習慣があったから、「またやってみようかな」という気持ちになれたんだと思います。

本名ではなくニックネームで始めたのは、だれにも知られたくなかったから。実は私、身近な人に弱みを見せたくない人間です。ネガティブな気持ちもさらけ出しているブログを家族や知り合いに見られたら……なんて、想像しただけで恥ずかしい！

40代半ばでお店を辞めた後も料理の仕事をしているので、投稿内容は料理じゃないほうがいいのかな？　とも思ったけれど、やっぱり料理しかできません。というわけで、最初に投稿したのが「大根と厚揚げと昆布の煮もの」がメインの昼ごはんと、同じ煮ものをキムチ風味にアレンジした夜ごはんでした。

最初のうちは、「料理には2割程度の力しか出さないようにしよう」なんて考えていたのですが、実際にはそんなの無理！「いいね」やコメントなどの反応があると「見てくれた人がいるんだな」とうれしくなり、気がついたときには全力投球していました。

少しでも楽になりたくて始めたブログも丸3年を越え、67歳だった私は70歳になりました。ひとり暮らしにも少しは慣れたけれど、ブログのタイトルは『67歳 初めての一人暮らし けなげに暮らそ』のままにしておくつもりです。もしかしたら私、「永遠の67歳」でいられる、よいタイトルをつけたのかな？

bekkouame

20人分で375円のべっこうあめが「体操の会」のおやつの最安値

週に1回、地元の「体操の会」に通っています。夫が亡くなった後、地域の民生委員さんに勧められて参加したのですが、今では目的が体操なのか、終わった後に食べるおやつを届けることなのか、よくわからなくなることもあります。私が「おやつ担当」になったきっかけは、体操の会でお花見をした際、お菓子の「仕出し」を頼まれたこと。会長のリクエストは、蒸しパンでした。

蒸しパンは簡単だけれど、たくさん作ろうとすると意外にたいへん。家庭用の蒸し器では、一度に作れる数が限られるため、何度にも分けて蒸さなければならないからです。おまけに時間がたつとかたくなってしまうため、前もって作っておくこともできません。

その日、作った蒸しパンは40個。ひとりあたり2個×20人分です。蒸し器に入れられるのは最大8個で、蒸し時間は15分。つまり5回に分け、蒸し時間だけで1時間15分かけて作ったわけです。

労力をかけただけあって、蒸しパンは大好評でした。そして、なぜか私は会計係に任命され、会の後に皆で食べるおやつの準備を任されることに……。

それまではずっと、コンビニでお茶とお菓子を買っていました。でも、その予算があればいろいろなものが作れるはず！　というわけで、その次の会にはべっこうあめを作って持っていきました。

べっこうあめの材料費は、全員分で375円。さすがに、「もうちょっとお金をかけてもいいよ」とお許しが出ました。それ以降、体操の会のおやつは私の手作りです。うれしいことに今では、「おやつが楽しみで会を休めなくなった」と、おかしな文句を言うメンバーもいます。

cherry blossom

自家製の桜の花の塩漬けは初孫の記念樹の副産物

次女に娘が生まれたとき、初孫の誕生を記念して、庭に八重桜を植えました。長女に娘が生まれたときは、桃。そして、同じ年にそれぞれに息子が生まれたので、ふたりの孫息子の記念樹は柿にしました。本当は、先に生まれた長女の息子にはブルーベリーを植えたんです。でもうまく根付かなかったため、柿を「ふたりの木」ということにしています。

「桃栗三年、柿八年」というけれど、柿の木には、本当に8年めで実がつきました。でも、桃に食べられるサイズの実がなったのは14年め！　初めて収穫した桃は、私がおいしくいただきました。

八重桜は、毎年、花を収穫して塩漬けを作っています。つみとった花を塩漬けにし、水けをしぼって梅酢に3日間。きれいなピンクに仕上がります。

桜茶にしたりパンやお菓子に飾ったり、使いみちはいろいろあるけれど、毎年作っていると使いきれないことも。あまらせるぐらいなら、と、塩の代わりに桜の塩漬けを入れてスパゲティをゆでてみたこともあります。ぜいたくなゆで方をしたパスタで作った桜ナポリタン、なかなかおいしかった！

「自分の木」を持っているのは、孫たちだけではありません。実は、私も持っています。私の木は、夫に頼んで植えてもらったシャクヤクです。

夫に「シャクヤクを植えたよ」と言われ、花の時期を楽しみに待っていました。でも、咲いたのは……シャクナゲ。たしかに、名前は似てるけど。

「コレじゃない！」と、あらためて植えたのが私のシャクヤクです。真っ白だった花が、いつの間にか淡いピンクにかわってきているけれど、今でも毎年、みごとな花をつけてくれます。

sea bream

尾頭つきの鯛もプリンも ノンフライヤーで

夫の病気がわかったとき、毎日の食事をあらためて見直しました。少しでもヘルシーに……と考えて買ったのが、ノンフライヤーです。

高温の温風で加熱するので、から揚げやカツも、お肉そのものから出る脂だけで揚げもの風に仕上がります。もちろんたっぷりの油で揚げたほうが香ばしいけれど、カロリーを大幅にカットすることができるのは魅力的です。

製品には簡単なレシピ集がついていたし、スマホやパソコンでちょっと検索すればアイデアレシピもたくさん出てくるでしょう。でも、それをしちゃったらおもしろくない！

私にとっていちばん楽しいのは、ゼロからオリジナルのレシピを考えていくこと。わが家にノンフライヤーを導入するということは、私流の「ノンフライヤー料理」を生み出していく、ということでもあるんです。

実際に使ってみると、予想以上に便利なアイテムであることがわかりました。「揚げない揚げもの」はもちろん、魚焼きグリルやオーブンのような感覚でいろいろな料理に使えます。

たとえば尾頭つきの鯛は、下ごしらえをしてノンフライヤーへ。深いバスケットの壁に尾を沿わせるようにすると、形よく焼き上がります。バスケットに水を入れて加熱すれば、カスタードプリンや茶碗蒸しもきれいにできます。

いちばん難しかったのが、天ぷら。あれこれ試してやっと納得できたのが、薄く天ぷらころもをつけてから天かすをまぶして焼く方法でした。

「これだ！」と思うものにたどり着いたときって、本当に気持ちいい。「私って天才!?」なんて思うことさえあります。

wild vegetables

お姉さんたちをなぜか元気にする山菜採りの謎

40代半ばまでは母の店で忙しく働いていたし、その後もご近所付き合いは夫に任せきり。道端にもわらびが生えているような土地に住んでいるのに、これまで山菜採りをしたことがありませんでした。でも、そんな私がついに山菜採りデビュー。体操の会の仲間に誘われ、一緒に行ってみることにしたんです。

ちょうどその頃、股関節を痛めており、かがむのも痛いぐらい。でも山菜採りのメンバーは、私より年上のお姉さんばかりです。あの人たちに行けるのなら、ちょっとぐらい足が痛くたって大丈夫なはず！　な〜んて考え、何も知らない私は、山菜採りに連れて行ってもらうことにしたわけです。

当日、皆が目指したのは、私の想像をはるかに超えた山奥でした。道はでこぼこで草が生え放題、あちこちから木の枝が突き出しているため、まっすぐ立って歩くことなどできません。

どうすればいいの？　とボーッとしていると、「なんで立ってるの？　しゃがんで進みなさいよ」と、お姉さん方から厳しい声がかかりました。痛む股関節を抱えた私には、腰をかがめたり膝を曲げたりするのがひと苦労。最後は、草や枝をかき分けながらほふく前進しているような気分でした。

60代の私がこんな状態なのだから、ほかの人たちは大丈夫なのかな？　と横目で見てみると、そこには信じられない光景が広がっていました。いつもは足を引きずり、腰を曲げて歩いているお姉さんたちが、山の中ではシャカシャカ歩き、元気にとび回っている！　なぜ？　どうして？

たいへんで、痛くて疲れたデビュー戦だったけれど、自分で採った山菜の味は最高でした。ブツブツ文句を言いながら、きっとまた行くんだろうな。

egg & natto

卵かけご飯と納豆ご飯の日々から抜け出せたのは、ブログのおかげ

熱が出た、頭が痛い、肩がこる、なんてことはあまり感じないタイプ（?）のせいか、「食欲がない」と思ったことはありませんでした。それなのに、夫が亡くなった日から食欲が消えました。

面倒だと感じたことがなかった食事の支度も、する気になれませんでした。でも、何か食べておかないとまずいよなあ……と、卵かけご飯と納豆ご飯をかわりばんこに食べていました。

そんなときに始めたのが、ブログ『67歳　初めての一人暮らし　けなげに暮らそ』。投稿するため、と思えば、料理をする気持ちが少しだけわいてきました。

きっかけはなんであれ、料理をしている間は余計なことを考えずにすむ。今していている作業だけに集中し、平常心でいられます。作りたいから、食べたいからではなく、いやなことを頭から追い出す時間がほしかったのかもしれません。

その頃のブログを見直すと、なんとも貧相な食事ばかり。でも少しずつ、見栄えにも気を配るようになり……。

「ちゃんと作ろう」「きれいに写そう」という気力をとり戻せたのは、ブログを見てくれる人がいたおかげです。私は、見られていると頑張れるから。

泣いたり、笑ったり、怒ったり、いろいろな気持ちを吐き出して、ときには共感や励ましの言葉までもらえる。そんなブログは、私にとって再生の場。本当にありがたい場所だと思っています。

以前はおいしいものをひとりで食べることに罪悪感を覚えていたのに、今では、夫の好物をうっかり仏壇に供えずに完食してしまって、「あっ、ごめん！」。それだけ、元気になれているってことだよね？

bean-jam bun

おいしそうなあんパンの写真、ブログにのせるときはご用心

若い頃からお笑いが好きで、テレビでコントを見るとアイデアが浮かんでくることが。「私のほうがおもしろいネタを書けるんじゃない?」なんて思って、自分だけの「ネタ帳」を作っていた時期もありました。

今も「ネタ帳」を書いていますが、中身はコントではなく、ブログのネタになりそうな日々のこと。頭の中で考えているだけだと忘れてしまいがちなので、パッと浮かんだときに手近なものにメモしておき、後でパソコンに入力するようにしています。

あるとき、大切な書類が見つからなくなったことがありました。わかりやす

い場所に置いたはずなのに、どこにもない！　家中を大捜索しても発見できず、「もうダメだ……」と座り込んだときに発見。なんと裏にブログのネタをメモして、冷蔵庫に磁石で留めていたんです。メモするときは、何の紙かを確認しないといけないいな、と反省しました。

ブログはネタも大切だけれど、書き方や見せ方にも注意が必要です。ＡＩによるチェックが入るため、意外なものが引っかかることがあるんです。

たとえば、「未亡人は誘惑が多い」という表現。前後を含めて読めば少しふざけただけだとわかるはずなのですが、ＡＩには通用しませんでした。

いちばん驚いたのが、あんパンの写真がＮＧだったこと。真ん中におへそがある、ごく普通の丸いあんパンです。どうやらＡＩは、その写真から女性の胸を連想したらしく、私の手元には「アダルトな表現が含まれています」といったようなメッセージが届きました。まさか、60代になってこんな注意を受けるとは……。いくつになっても、新しい経験ってできるんだな、と実感しました。

dried bamboo shoots

原材料の表示を読み解いて作った茶々流・干したけのこ

義理の妹の実家ではたけのこや山菜がたくさん採れるため、毎年、おすそ分けしてくれます。でも、もらいなれているせいか、弟夫婦は食材の扱いがちょっと雑！　適当に料理して、おいしくできずに捨ててしまうこともあります。

でも私は、せっかくもらったものは、むだなく、おいしく食べきりたい！

というわけで、ある日、大量のたけのこと向き合うことになりました。

ひとり暮らしで消費できる量は限られています。なんとか長期保存することができないだろうか？　そう思ってネットであれこれ検索してみると、気になる商品を見つけました。干したけのこ。いかにも、保存がききそうです。

製造過程を紹介しているページがあったので、さっそく熟読。どうやら、ゆでたたけのこを干したもののようです。次にチェックしたのが、商品の成分表示。原材料の欄に書かれていたのは、「たけのこ」だけでした。よし、準備完了。

私はさっそくたけのこを切ってゆで、とりあえず、洗濯物の小物干しにぶら下げて干してみました。完成した干したけのこは、見た目はひからびた「しゃこ貝」のよう。でも水につけてもどすと、たけのこの風味がよみがえりました。

材料表示は、情報の宝庫です。干したけのこの場合、原材料はたけのこのみ。これが意味するのは、塩などを加えなくてもよい、ということです。

ちなみに、私が40年以上作り続けている焼き肉のたれも、材料表示のおかげで生まれたものです。気に入った市販品を見つけたので、原材料をチェック。そこに書かれている材料を使って自分好みの味に仕上げました。

たまに「そんなものまで作るの?」と驚かれますが……。「売っているものは、自分でも作れるはずだ!」と、燃えてきちゃうんですよね。

kawara soba

藤井フミヤさんのおかげで知った山口名物・瓦そば

小さいホットプレートで茶そばを焼いて、温かいそばつゆにつけて……。この食べ方は、山口県の郷土料理「瓦そば」をまねたもの。私に瓦そばを教えてくれたのは、山口に住む友だちです。

この友だちとは、共通の「好きなもの」でつながっています。それは、藤井フミヤさん。フミヤさんのおかげで私には、日本全国に友だちがいるんです。きっかけは、小学生だった娘のつきそいでチェッカーズのライブに行ったことです。気づいたときには、私がフミヤさんに夢中。チェッカーズの解散コンサートには、当時中3だった娘に補習授業をサボらせてかけつけました。もちろん親として、世の中には勉強より大切なものがあることを教えるためです。

フミヤさんがソロデビューすると、すぐに公式のＢＢＳ（ネット上の掲示板）が立ち上がりました。そこでコメントのやりとりをするうちに、自然にファン仲間とのつながりができていきました。

コンサートツアーが始まると、日本全国へ足を延ばします。事前にファン仲間と連絡を取り合って会場近くで待ち合わせをし、ライブ前にお茶をしたり、ライブ終了後に打ち上げをしたり。年齢も住む場所もバラバラですが、共通の話題があるので、楽しく盛り上がれる！　そして気の合う人たちとは、地元のおいしいものを送り合ったりする関係にもなるわけです。

数年前、東京のライブから地元の空港へ戻ってきたとき、初対面の女性に声をかけたことがあります。彼女が会場で売られていたグッズを持っていたため、「仲間だ！」とピンと来たんです。普段は「人付き合いが苦手」なんて思っているのに、フミヤさんが絡むと社交的になる自分が、なんだか不思議です。

herring & smelt

私と子どもには にしん、夫だけ ししゃも の不公平な食卓

海から離れたところで育ったせいか、夫は魚が苦手でした。絶対に食べようとしなかったのが、魚の頭が入った汁ものです。

でも私は、魚のだしがしっかり出た汁ものも大好き。たまに家でも食べましたが、そんなときは夫に「そのお椀、このへんに置かないでね」と言われたものです。どうやら夫には、お椀の中から魚の頭が飛び出しているビジュアルが耐えがたかったみたいです。

結婚して一緒に暮らしはじめてみると、魚がすべてダメなわけではないことがわかってきました。お刺身ならほとんど食べられるし、塩鮭とししゃもも大

丈夫。さんまもしっぽ側なら食べられました。

さんまを食べるときは2尾をそれぞれ半分に切って焼き、頭側が私、しっぽ側が夫の担当でした。お互いに満足するので問題はないけれど、盛り付けたときにまったく絵にならないのが残念だったかな。

夫には魚を出さないようにしていたけれど、子どもが生まれて忙しくなると、夫だけ別メニューを続けるのが難しくなりました。正直言って、体のために魚を食べてほしい、という気持ちもありました。

そこであるとき、子どもと私には大きなにしんの煮つけを用意しました。そして夫には、ししゃも。意地悪をしたわけではありません。家族それぞれに、好きな魚を用意しただけです。

どうやら夫は、目の前に置かれたおかずの違いを見て、損をしている気分になったよう。その日を境に積極的に魚を食べるようになりました。魚ぎらいのご家族をもつ人に、ぜひ試してみてほしい方法です。

packed lunch

小さな戦いをしながら作る毎日のお弁当

自分のためのお弁当作りを続けられるのは、ブログにのせてだれかに見てもらえるから。趣味のブログなので無理をする必要はないのだけれど、毎日のこととなると、なんとなく「仕事」のように感じられることもあります。

でも、せっかくなら楽しみながら作ったほうがいい！　というわけで、毎日「小さな戦い」をしながらお弁当作りをするようにしています。

たとえば、盛り付けのテーマを決める。「今日は立体感を意識して盛ろう」なんて課題を設定すると、やる気がわいてきます。

いつも使っている曲げわっぱは意外に深さがあるため、きれいに詰めるにはちょっとしたコツがあります。ポイントは、「上げ底」。おかずがお弁当箱の底のほうに並んでいたのでは、写真写りがいまひとつ。まずはいちばん下に卵焼きの切れ端や漬けもののしっぽを入れ、その土台の上におかずをのせる！　仕上がりの写真をイメージしながらあれこれ工夫するのは、楽しいものです。

戦いの内容は、日によってさまざまです。「お肉も魚も使わずに栄養バランスのよいおかずを作る！」「10分で完成させる！」なんてテーマを設けることもあります。工夫するポイントを決めるだけで、毎日のお弁当作りに変化がついて作る楽しさが増すような気がします。

私にとってお弁当は、おせち料理のための研究材料でもあります。冷めたときの味や食感は？　できあがりから時間をおいたときの見た目の変化は？　食べながら、あれこれチェックしています。

おせち料理は、数日分を作りおきするもの。お弁当のおかずとしておいしく食べられるものは、おせち料理の候補にもなるんです。

rolled omelet

卵焼きは甘い派？しょっぱい派？

卵焼きは、簡単だけれど難しい料理の代表だと思います。作り方は、簡単。難しいのは、「食べる人が好きな味」にすることです。

私は子どもの頃から家の卵焼きが甘かったので、ずっと甘い卵焼きが好き。甘くない卵焼きだったら、目玉焼きでいい！　と思うぐらいです。私が作る卵焼きが甘いから、夫も甘い卵焼き派でした。

だし巻き卵のように、みりんでほんのり甘みをつけるのもおいしいけれど、水分の多いだし巻き卵には、暑い時期、お弁当に入れると傷みやすいという弱点が……。そんなわけで、私が作る卵焼きの材料は卵、砂糖、塩、酒のみです。

ちゃんと巻いて仕上げる卵焼きもいいけれど、炒り卵も捨てがたいな、と思います。そして炒り卵が欠かせないのが、私が大好きな「のりたま弁当」です。白いご飯↓のり↓ご飯↓のり↓ご飯、と3層に重ね、さらに炒り卵をのせて完成。最高においしいのに、簡単なお弁当です。

ただし、ご飯にはさむのは、あぶってしょうゆをつけた焼きのりに限る！味つけのりではダメです。そして最後にのせる炒り卵は、砂糖と塩だけで味付けした甘いやつ。

正直言って、「のりたま弁当」なら私は毎日食べ続けてもおいしいと思える自信があります。まあでも、それではブログも単調になってしまうので、とことん食材がない日だけの特別なメニューにしています。

夫が好きだったのはもちろん、娘も孫も、このお弁当が大好きです。「卵焼きは甘いのが好き！」という好みは、どうやら孫にまで受け継がれているみたい。自分好みの卵焼きを、せっせと食べさせてきたかいがありました。

お店でお客さまのために。
自宅で家族のために。
ひとり暮らしの今、
自分のための料理を楽しめるのは、ブログのおかげかも。

料理をしているときは、よけいなことは何も考えない時間。

毎日のお弁当

ほぼ毎日、昼ごはんとして
お弁当を作っています。

甘い卵焼きののり弁

お弁当の代表といったらのり弁。のりの下のしょうゆ味のおかかに甘い卵焼きがよく合います。ちなみにわが家の卵焼きはいつも甘いタイプ。おかずは前の日の残りものや作りおきも活用して、短時間でも品数たっぷりで彩りのよいお弁当に仕上げます。

→レシピはP180

お弁当の詰め方

お弁当箱に温かいご飯をよそう。しょうゆをまぶした削りがつおと昆布のつくだ煮をご飯の上に広げ、しょうゆをつけたのりをのせる。

ご飯の手前に笹の葉を入れて仕切りにし、ご飯に立てかけるようにおかずを詰めていく。汁けのあるものはカップに入れて。のりご飯の上に卵焼きをのせたら完成。

彩りをプラスするなら

作りおきの飾り切りをした「にんじんの白だし漬け」を添えると、映えるお弁当に。

おにぎりボールの
おにぎり弁当

時間に余裕がないときや、出先でさっと食べたいときはおにぎりが一番。ひき肉と野菜を甘辛く味つけした「おにぎりボール」を冷凍しておくとこれだけで満足の、食べごたえのあるおにぎりがすぐに作れます。冷凍のままあつあつご飯にぽんと入れてください。

→レシピはP181

おにぎりのにぎり方

ラップの上に温かいご飯を茶碗1杯分のせ、凍った「おにぎりボール」1個を埋め込んでにぎる。のりをくるりと巻く。

ノンフライヤー活用弁当

お弁当にはもちろん、普段のおかずにも大活躍しているのがノンフライヤー。油で揚げずに揚げもの風の料理が作れて、キッチンも汚れません。残りものをおいしく手軽にリメイクできるので、重宝します。春巻きの中身は、片栗粉でとろみをつけた炒めものならなんでもOKです。

→レシピはP182

お弁当の詰め方

お弁当箱に温かいご飯をよそう。ご飯の手前に笹の葉を入れて仕切りにし、大きいおかずは食べやすく切って詰める。ご飯に黒ごまをふって梅干しをのせる。「きのこの当座煮」(レシピはP187)、「おみ漬け」(P60参照)、「みょうがの梅酢漬け」(P101参照)も添えて。

お弁当に使える飾り切り

お弁当のおかずがちょっとさびしいとき、火を通さなくてもいいハムやかまぼこなどを飾り切りにして入れると、簡単にぐっと映えるお弁当になります。あと1品はフルーツにしても。りんごは皮の赤と白の対比が鮮やかなのでよく使います。
※夏場の外に持っていくお弁当には、火を通したものだけを入れたほうがよいでしょう。

→飾り切りのしかたはP183、184

かまぼこの扇

かまぼこのうさぎ

ちくわのチーズ巻き

ちくわ巻き

魚肉ソーセージの三つ編みと手まり

魚肉ソーセージきゅうり巻き

ソーセージのひまわり

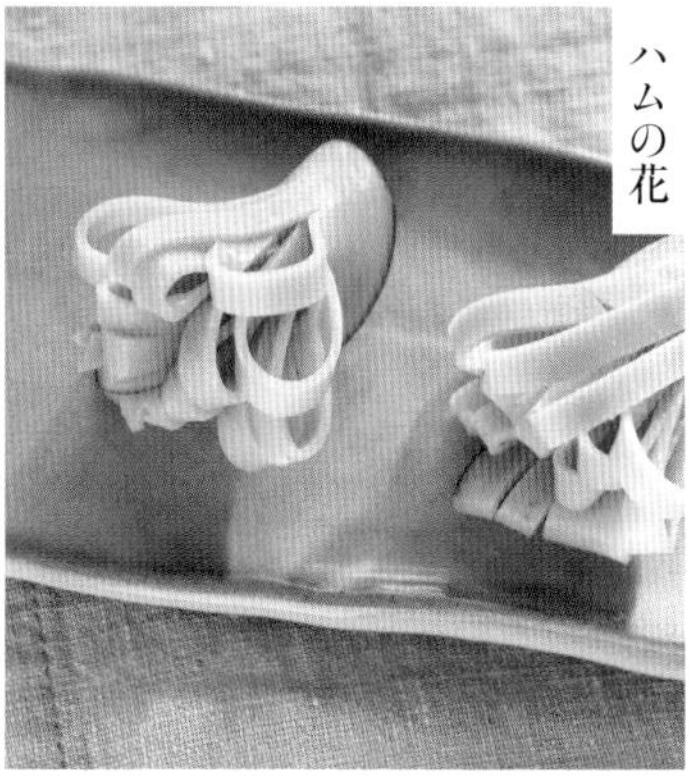

ハムの花

りんごの木の葉

りんごの市松

私の自慢料理

繰り返し作っているおかず。
冷凍できるからひとり暮らしでも作りやすい。

鮭のみそ粕漬け焼き

海岸の近くに住んでいるので、お手頃な魚が買えたり、知り合いの漁師さんにもらうことも。鮭は切り身にしてみそ粕に漬けたら、2〜3日で食べごろになります。そのタイミングで冷凍すれば、ひとり暮らしでもあまらせずに食べきれます。

→レシピはP184

キャベツシューマイ

おせちにも必ず入れる、娘たちやその家族にも大人気のシューマイ。皮の代わりにせん切りキャベツがたっぷりで、あっさりした味わいです。キャベツのほか、コーンやもやしにしても。見た目にも変化がつきます。途中でシューマイのたねの味見をして、好みの味に仕上げてください。

→レシピはP185

ノンフライヤーで焼き豚

揚げもの風だけでなく、焼きものも実は得意なノンフライヤー。
焼きなすなど野菜を焼くのに使えるほか、
オーブンのようにブロック肉もおいしく焼けるので、おすすめです。
焼き豚は、あまったらチャーハンやサンドイッチなどにして。

材料（4人分）

豚ももかたまり肉…450g
つけ込みだれ
- しょうゆ…⅓カップ
- 砂糖…50g
- 酒…大さじ2
- みそ…小さじ2
- 塩…小さじ⅓
- 溶き卵…⅓個分

にんにく…1片

バスケットに食材をセットしてスイッチを入れるだけだから、だれでも上手に作れます。

作り方

1. 豚肉は縦半分に切る。たこ糸で全体をしばって形を整える。
2. ジッパー付き保存袋にたれの材料とたたきつぶしたにんにくを入れて混ぜ、砂糖を溶かす。**1**を加えてたれを手でもみ込み、1〜2時間つけ込む。
3. **2**の汁けを切り、ノンフライヤーのバスケットに間隔をあけて並べ、200℃、20分に合わせてスイッチを入れる。つけだれはとっておく。
4. 10分ほどたったら、ふたをあけて刷毛かスプーンで肉の表面にたれをまんべんなくぬり、180℃に下げて、続きの時間を焼く。
5. 串を刺してみて、赤い汁が出なければ焼き上がり。
   ※たれを適量（全部だと多すぎる）小鍋にとって煮詰め、かけだれにする。
6. 粗熱がとれたら薄切りにし、かけだれを添える。

常備菜いろいろ

ひとり分ずつ作るより、まとめて作りおきが便利です。

だし

「だし」といってもだし汁ではなく、地元の郷土料理。夏野菜を使って作りますが、ここでは手元にあった大根も入れました。刻んだがごめ昆布を加えると、とろみがつきます。ご飯のほか、麺や冷ややっこにのせてもおいしい。

→レシピはP186

地元の浅漬けの「おみ漬け」。青菜《せいさい》を軽く干し、大根やにんじん、昆布とともに調味。

きのこの当座煮

ご近所さんにいただいた「黄茸」と呼ばれる美味なきのこを使っていますが、ほかのきのこでもおいしく作れます。こんにゃくもきのこもローカロリーで、体にやさしいおそうざい。献立の小鉢やお弁当に、活躍してくれます。

→レシピはP187

柿酢

水や炭酸水で割って、食前酢として飲んでいます。フルーツはみかん、りんご、キウイフルーツなど、そのとき手に入りやすいものに替えても。取り出した柿は、ヨーグルトなどに混ぜて食べるとおいしいですよ。

→レシピはP187

体操のおやつ

週1回の体操の会でおやつ係を担当しています。

くるみゆべし

私より年上の方にも、みんなに人気のおやつ。甘じょっぱくてもちもちで、おいしいです。電子レンジで作れるから、実はとても簡単。

→レシピはP188

米粉の台湾カステラ

ふわふわでしっとり。普通のカステラよりも軽く、卵のやさしい風味があとをひいていくらでも食べてしまえそうです。バターは使わずこめ油を使うのもポイント。

→レシピはP189

孫に送る手作りケーキ

孫たちの誕生日とクリスマスには必ずケーキを作って送ります。

10人分くらいある大作の誕生日ケーキ。表面はゼリーで固めています。

クリスマスにはアップルパイも送ります。りんごの下にスポンジも入れるのが私流。

長女宅と次女宅への2つのクリスマスケーキ。
宅配便で送った次女分は、顔がバラバラに!?

第2章

夏

自分のお弁当を作って、おやつを作って。
体操教室に行って、散歩して。
ひとり暮らしになってから、
新しい習慣ができました。

maritozzo

ケーキ作りの翌日は特製マリトッツォで優雅な朝食

4人の孫それぞれの誕生日とクリスマスには、必ず手作りのケーキを届けています。事前にどんなケーキがいいか聞いてから作るので、これまでに作ってきた種類もいろいろです。

次女の家には宅配便で届けるため、くずれやすいものは送れないのですが、ラッキーなことに、次女の子どもはチョコレートケーキが大好物。しっかりコーティングしたものを送り、毎回喜ばれています。

ここ数年のクリスマスケーキは、スコップケーキにしています。100円ショップで買える大きなふた付き容器を使えば、配送する際、多少ゆすられても安心だからです。一昨年はケーキの表面にフルーツやクリームでサンタクロースの顔を描き、あごには削ったホワイトチョコをひげに見立てて飾って……。私は、お菓子に絵や文字を描くのが苦手です。でも、このときのサンタはなかなかいい感じに見えました（64ページ）。

おいしかったよ、と電話してきた娘に「サンタのひげ、どうだった？」と尋ねると、「え？　ひげって？」。デコレーションのことを説明すると、笑い出しました。「そういえば、表面にホワイトチョコがちらばってた。あれ、ひげだったんだ」。まあ、そんなもんですよね……。

頑張ってケーキを作っても、私の口にはひと口も入りません。でも、作った者だけに与えられる特権もあります。

たとえば、優雅な朝ごはん。食パンの厚みの部分に切り込みを入れ、あまったクリームをフルーツとともにサンド。クリームたっぷりの「マリトッツォ風フルーツサンド」で、リッチな気分を楽しめました。

〈cake〉

もうからないけど、作り続ける。私は謎の ケーキ 屋さん

次女のところに宅配便でケーキを送るとき、発送する際に「運送中にくずれてもかまわない」といったようなことを一筆書いたものを求められることがあります。年に何度もケーキ類を送り、さらに年末にはずっしり重い「おせち料理」なんて書かれたクール便なども発送する私は、宅配便の業者さんにとって気になる存在だったのかもしれません。

あるとき、品目に「ケーキ」と書いた箱を渡すと、集荷に来た人に聞かれました。「いつもケーキを送ってますよね？　ケーキ屋さんなんですか？」。

いやいや、商売どころか……。私が送っているケーキは、「喜ばれてなんぼ」

の非売品です。「そうなんですよ。材料費も送料も、ぜんぶこっちもちのケーキ屋です」って答えたら、どんな顔をするかな？　なんて思いつつ、「アハハ、違うわよ」と答えておきました。

年に一度ほど、次女から特大サイズの宅配便が届きます。どのぐらい大きいかといえば、大型サイズのテレビでも入っているのか？　と思うぐらい。でも、重くはありません。私がひとりで、軽々と運べる程度です。

謎の荷物の中身は、空き容器。おせち料理の重箱をはじめ、いろいろな形や大きさの保存容器がぎっしり詰まっているんです。娘には毎回、「わざわざ返さなくていいからね」と言うのですが、それでも律儀に送り返してくるのは、場所をとりすぎるからでしょう。

うわあ、こんなに送ったんだ!?　とびっくりしながら片付けはじめると、空き容器の山の中から、娘からの母の日のプレゼントと孫からの修学旅行のおみやげが……。うれしいなあ。だから、ケーキ屋さんはやめられない！

myoga

みょうがは好きじゃないけれど毎年たくさん食べています

食べものの好ききらいはほとんどないのですが、若い頃からあまり好きではないのが牛肉。薄切りはまだいいけれど、厚切りは苦手です。

夫はステーキが好きだったのでたまに焼いていましたが、自分は食べないので、味を見るのはソースだけ。焼き加減はどうだったのかな……？　ひとりで食事をするようになってからは、薄切りの牛肉もめったに食べなくなりました。

もうひとつ、好きではないのがみょうがです。ただし、今では毎年よく食べています。なぜかというと、ご近所からもらうことが増えたから。夏になると、梅酢漬けやら甘酢漬けやら……。好きでもないのにあれこれ作るのは、捨てるぐらいなら、がまんして食べたほうがまし！　と思うからです。

若い頃は庭がない家に住んでいたし、ご近所さんから野菜をもらうようなこともなかったので、みょうがを食卓に出したことはありませんでした。

その頃、夫婦で焼き肉パーティーに招待されたことがあります。夏だったので、薬味があれこれ用意されたテーブルには、山盛りのみょうがもありました。もちろん私は、みょうがの前を素通り。でも夫は、みょうがに大喜び！　焼きたてのお肉をほっぽらかして、みょうがばかり食べているんです。

実は、夫はみょうがが大好きだった！　でも私がきらいなのを知っていたから、「食べたい」なんて言い出せなかったんでしょう。

そういえば、夫から食事に関して文句を言われたことはありません。いつも「おいしかった」と言ってくれて、たまに特別な感じで「ああ、うまかった」。セリフは同じでも気合の入り方が違うときは、気に入ったものがあった証拠。「何がおいしかったの？」と聞いても、「全部だよ」としか言わなかったけれど。

champon

砂風呂もちゃんぽんもなし!? 電車に乗ってばかりの新婚旅行

新婚旅行は、九州一周旅行でした。こう書くと何やらリッチな旅のようですが、実際は、移動はすべて電車。期間限定&乗り放題のJR乗車券が頼りでした。九州新幹線などない50年ほど前のことですから、とにかく時間がかかる！　朝から晩まで電車に乗ってばかりの7日間でした。

プラン作りは夫に任せていましたが、私には楽しみにしていることがふたつありました。おいしいちゃんぽんを食べることと、砂風呂に入ることです。

九州に着いた初日、熊本でちゃんぽん屋さんを発見！　でも夫は、「もうすぐ本場の長崎に行くんだから、何もここで食べなくても……」。まだあれこれ強く言えなかった21歳の私は、それもそうか、と納得しました。

その日は、そのまま指宿《いぶすき》へ移動。熊本からは想像以上に遠く、宿についたら21時を過ぎていました。宿の人がとっておいてくれた冷めきった夕食をわびしく食べ、バタンと寝ました。そして翌朝、起きるなり、夫が「行くよ！」。もちろん、砂風呂に入る時間なんてありませんでした。

おまけにその翌日、ＪＲがストで全面ストップ。結局、長崎には行けず、本場のちゃんぽんを食べる夢は叶いませんでした。

私はこのことをずっと根にもち、何十年も夫に言い続けました。「ＪＲがストして、ちゃんぽん食べられなかった……」。夫はそのたびに、「いつかリベンジするから」と言ってくれました。

実際に行けたのは、60歳を過ぎて夫の病気がわかってからです。40年越しのリベンジは、無事に完了。ストで足止めされることもなく、長崎でちゃんぽんを食べ、指宿でのんびり砂風呂に入ることができました。

curry rice

私の手作りカレーより超甘口カレーが夫の好み

夫はカレーが好きだったので、結婚したばかりの頃からよく作っていました。ルーから手作りする私のカレーは、私が働くお店での人気メニューのひとつ。そんなわけで、少し自信もあったんです。

結婚後1年ぐらいは、同じ料理を食卓に出したことはありませんでした。もちろんカレーも、具を替えてみたり、ちょっと本場のインド風にしてみたり、作るたびに少しずつアレンジしていました。

「カレー=簡単」というイメージがあるけれど、ルーから作ると、それなりに手間がかかります。夫に喜んでほしくて、若い私は頑張っていたんです。

それなのに！　結婚してかなりたってから、夫が申しわけなさそうな顔で言ったんです。「実は、バーモントカレーの甘口が好きなんだ」。私は気づいていなかったけれど、夫は辛いものが苦手だったんです。

もう、早く言ってよ〜！　と思わず文句を言いましたが、毎回ルーから作る手間を知っているからこそ、言い出せなかったんでしょう。辛いのをがまんして食べていたのかと思うと、ありがたいような、おかしいような……。

その日から、わが家のカレーはバーモントカレーになりました。当時は今のようにいろいろなスパイスが手に入ったわけではないので、ルーから作る場合は、市販の「カレー粉」を使うしかありません。そのため、「辛くないカレー」を手作りするのは難しかったんです。

ひとり暮らしになってから、カレーを作る機会はめっきり減りました。市販のルーを買うときも、特売品があればこだわりなくそれを選ぶように。以前より、だいぶ辛いカレーを食べるようになりました。

crab omelet

曲げわっぱに入れたかに玉丼は食べる前に別容器へ？

ブログの投稿は、1日2回。午前中の投稿はお昼に食べるお弁当、夕方～夜の投稿は夕食の写真を紹介するのが基本パターンです。

お弁当を作るのは、当日の朝です。6時頃起きて最初にするのが、炊飯器のスイッチを入れること。次に、仏壇を掃除してお水を替え、キッチンまわりに掃除機をかけます。その後、お弁当のおかず作りを始めます。ご飯が炊けたら仏壇にお供えし、お弁当を詰めて……。

週に一度は8時から仲間との散歩に出かけ、戻ってからブログを書いてアップ。そうそう、体操の会がある日は、9時から会に参加しています。

書き出してみると、私の朝はなかなか忙しい！　でも、毎日バタバタしながらお弁当を作ることは、間違いなく生活のハリになっています。

ブログを始めた頃は、とりあえず作って投稿するだけで精一杯。心に余裕がなくて、お弁当箱なんてなんでもいいや、という気分でした。でも続けるうちに、「せっかくだからおいしそうに見せたい」と思えるようになりました。

今、メインのお弁当箱として使っているのが曲げわっぱです。でも……。見栄えのするわっぱより、100円ショップの保存容器のほうがずっと機能的。洗いやすいし、乾きやすいし、何より電子レンジに入れられる！

かに玉丼風のお弁当を作ったときは、でき上がる前から、食べるときに温めたくなることはわかっていました。それでも、わっぱに盛って写真をパチリ。お昼になり、私が何をしたか？　わっぱから100円ショップの保存容器に中身をそっくり移し、レンジでチンして食べました。自分の不思議な行動に、お弁当箱の役割ってなんだっけ？　としばし考え込んでしまいました。

〈sekihan manju〉

皮が破れた赤飯まんじゅうは自分用。料理に関しては完璧主義なので……

定年退職するまで、夫が出勤する日は毎日お弁当を作っていました。おかずに変化をつけるのはもちろん、盛り付けだってきれいに、ていねいに。夫はよく、「60歳の男が持っていく弁当じゃないよ」なんて言っていました。

私がかわいらしいお弁当を作っていた理由は、周りの人の目を意識していたから。だって職場でごはんを食べるときって、人のお弁当の中身が気になるでしょう？　だから、「だれに見られてもいいお弁当」を作っていたんです。

ただし、夫の職場は男性ばかり。お弁当を見て、「わあ、かわいい！」なんてほめてくれそうな人はいません。ギャラリーには大いに不満がありましたが、それでもお弁当はきれいに仕上げたかった！

毎日ていねいに作っていたので、たまに「仕事の都合で、今日は車の中でひとりで食べた」なんて聞くとがっかり。「え〜？　ちゃんと周りに見せびらかしてから食べてよ〜」と、文句を言ったこともありました。

料理の見栄えが気になるのは、ずっと料理を仕事にしてきたからでしょう。人に見せるものはきちんと仕上げたい、という気持ちがなくなることはありません。たとえ自分用のお弁当でも、ブログにのせてだれかに見てもらうんだと思うと、かまぼこで作ったうさぎに、食紅で目をちょん、と入れるひと手間をかけずにいられない。実は料理に関しては、完璧主義なんです。

体操の会のおやつに「赤飯まんじゅう」を作った日、蒸し器から取り出すときに皮が少し破れてしまったものがありました。だれも気にしないだろうけれど……私は気になる！　というわけで、皮が破れたおまんじゅうは私のお弁当箱へ直行。お昼に「赤飯まんじゅう弁当」を食べて、失敗作を闇に葬りました。

food

「一生食べものには困らない」私と「だれとも合わない」母

私は若い頃から、占いではよいことばかり言われます。手相でも姓名判断でも、どんな種類の占いでも悪く言われたことがありません。中でもよく言われるのが、「食べものには一生困らない」。ずっと食べることに関する仕事を続けているのも、このあたりに関係しているのかな？　なんて思ったりもします。

以前、横浜の中華街で、友だちと一緒にぶらりと「占いの館」のようなところに立ち寄りました。そのときに言われたのが、「あなたは、どんなに浮気をしても気づかれない人です」。ほめられているのかどうかよくわからないけれど、占い師さん本人はニコニコしながら、「絶対にバレないから、どんどん浮気しなさい！」と勧めてくれました。

私が40代の頃、母と一緒に占いに行ったこともあります。手相や四柱推命など、いくつかを組み合わせたスタイルの占いで、私はいつものようにいいことばかり言ってもらえました。

それを聞いていた母は、たぶん自分もいいことを言われるつもりになっていたんじゃないかな？　と思います。でも……。

母の占いを始めると、占い師さんが笑い出してしまったんです。そして、「あなたは、だれとも合いません。今までそうだったでしょ？」。

占いによると母は、他人とはそこそこ上手に付き合えるけれど、身内とはうまくやれない人。「思い出してみて。ご主人とも、お嫁さんともうまくいかなかったんじゃない？」。

占い師さんの鋭いひと言に、母はプンプンしていましたが……。私は、「よく見抜いたなあ」。なんだか小気味よくて、ニヤニヤが止まりませんでした。

sushi

「ごはんの準備してる?」は お寿司 のサイン

若い頃の私には、夫がいつもやさしいことがもの足りなく思えることも。ただ怒らせてみたくて、けんかをふっかけてみたこともありました。でも夫は、売られたけんかを買おうともしませんでした。

結婚前のことですが、「あなたの優柔不断なところがいやなの。もう別れる!」と暴言を吐いたことがあります。夫の答えは、「なんで別れなきゃならないんだ。いやなところは、おれがなおせばいいだけの話だろ」。本当に、やさしい人だったな。後からよ〜くわかったし、今でもしみじみそう思います。

夫は、お付き合い上手でもありました。いつもニコニコしているので、ご近所さんからの評判も上々。だから私は、よく言っていました。「あなたが〝いい人〟って言われるのは、いつも隣でムスッとしてる私のおかげだからね」。夫は笑っていたけれど、実際にいなくなってみたら、ご近所さんとどう付き合えばいいのか、よくわからなくて。夫がいたときから、隣でたまにはニコッとしていればよかったな。ちょっぴり後悔しました。

私が母の店で働いていた頃は、お店の仕事も手伝ってくれました。会社が休みの日はもちろん、平日の退社後にも、自分で買ってきたエプロンをつけて。

そんな夫は、たまにパチンコを楽しんでいました。夕方、電話がかかってきたら、お寿司のサイン。パチンコで勝つと、必ず私の好物であるお寿司を買ってきてくれたんです。「もうごはんの準備してる?」と聞かれたら、準備を始めていても「してない、してない!」。少し勝ったときの手頃なお寿司も、たくさん勝ったときのちょっといいお寿司も、おいしかった。外食する機会は大幅に減ったけれど、ひとりで食べにいくなら、回転寿司がいいな。

soy sauce

お弁当にしょうゆを入れ忘れるのもやさしい妻の愛

会社員だった夫は、毎年健康診断を受けていました。「何かあったら言うはず」と思っていたので、夫が高血圧の薬を飲みはじめたときには驚きました。

高血圧の原因のひとつが、塩分のとりすぎです。そして夫は、漬けものが大好き！　それも、どこをかんでもしっかりしょっぱい古漬けやみそ漬けが好みです。私にできる高血圧対策として最初にしたのが、漬けもの改革でした。

まず、たくあんを漬けるのをやめました。自宅にたくさんあると、どうしても食べすぎてしまうからです。

しっかり漬かった古漬けは「たまに買って食べるもの」に。普段の食事には、塩と昆布で軽くもんだ浅漬けや酢漬け野菜を出すようにしました。塩味は、舌の先で感じるもの。舌に触れた瞬間においしく感じれば満足できるはずなので、表面だけに塩味がついた浅漬けなどでいいんじゃないか、と考えたんです。

夫が職場に持っていくお弁当には、わざとしょうゆを入れ忘れました。「しょうゆは少しかけてね」なんて注意するより、入れないほうが確実。だって、ないものはかけられないでしょう？

そんなことを続けるうちに、夫は薄味に慣れていきました。素材だけの味で楽しめるものも増えたし、お寿司につけるしょうゆの量も激減。餃子だって、酢とラー油で食べるようになりました。

夫のがまんと努力の甲斐あって、血圧は着々と低下。医師に相談しながら、まずは短期間、薬をやめてみました。その結果がよかったこともあり、最終的に、高血圧の薬を完全にやめることができました。人間の体って、食べるもので大きくかわるんだな、と納得しました。

〈 kakipea 〉

小学校の修学旅行で失敗しても 柿ピー好きはかわらない

好きなおやつは、柿ピーです。最近のお気に入りは、ピリッとした「柿の種」の代わりに小さなあられが使われているタイプ。いつもネットで1キロ入りを注文し、小分けにして食べています。さすがに、自分で柿ピーを作ったことはありません。

柿ピー……というか、ピーナッツが好きなのは、子どもの頃からです。当時は、ピーナッツといえば殻つきの落花生。殻をむいたピーナッツにバターをからめた「バタピー」を初めて食べたとき、「なんておいしいんだ！」と衝撃を受けました。

それ以来、ピーナッツは私の好物です。どのぐらい好きかといえば、親に誕生日に何がほしいかを聞かれたとき、「ピーナッツ！」と答えたぐらい。当時のバタピーは「大人のおつまみ」のような存在で、子どものおやつとしてはやや高価でした。だから思う存分、食べてみたかったんです。

小学6年生の修学旅行に、私は決められたおやつの金額ギリギリまで、バタピーやピーナッツのお菓子を持っていきました。出発直後からポリポリ食べ続けていたら、夜になっておなかが痛い……。

ピーナッツを食べすぎたせいで、翌日は一日、ひとりで寝ているはめになりました。午前中はおとなしく布団に入っていたのですが、少し元気が出てくると、おなかもすいてきます。

何かないかな、とリュックサックを探ると、出てくるのはピーナッツ、ピーナッツ……。子どもとはいえ、さすがに「今、これを食べるのはまずい」と判断し、グーグー鳴るおなかを抱えたまま、布団に戻ったことを覚えています。

sponge cake

すき焼き鍋で作った初めてのスポンジケーキ

母が仕事で忙しかったこともあり、私は小学4年生頃から「夕ごはん係」でした。お惣菜を買ってきて食卓に並べるのがおもな仕事。でも私はもともと料理に興味があったようで、何かを作ってみたくなったんです。

勝手に作ったら叱られるかな、と思ってがまんしていたのですが、やっぱり料理をしたくて、子どもなりに作戦を立てました。まず最初に、キッチンをピカピカに掃除する。母はきっと喜ぶから、その後で私が料理をしても、プラスマイナスゼロになって叱られないんじゃないか……。

私は、さっそく作戦を実行しました。初めて作ったのは、雑誌にレシピがのっていたおまんじゅう。小麦粉と重曹があるのは知っていたし、母が作ったあんこもあったからです。

ひとつだけこっそり作り、茶の間へ持っていきました。母はおまんじゅうをチラリと見ると、「なんで1個だけ？」。私は母の言葉を、「いっぱい作ってもよかったのに」と解釈し、それからはいろいろなものを作るようになりました。

ケーキを焼いてみようと思ったのは、9歳下の弟が小学生のとき。よく作る蒸しパンなどとは違うものを食べさせてあげたかったんです。

ただし、私の家にはオーブンがありません。なんとかならないか……と考えた末、使ったのはすき焼き鍋です。ケーキの生地をお菓子の空き缶に流し入れて、すき焼き鍋に入れる。ふたをして加熱すれば、鍋の中が高温になるはず！

私のねらいは当たり、それらしくふくらんだスポンジケーキができました。遊びに来ていた弟の友だちからは「ダサいケーキだな」と笑われたけれど、弟はとても喜んでくれました。

〈 ramen 〉

鶏のゆで汁は冷凍して ラーメンのスープに！

初めて「みそラーメン」を食べたのは、17歳のときです。それまで、地元で食べられるラーメンは、しょうゆ味の中華そばだけでした。にんにくがきいたみそ味のスープは新鮮で、おいしさに感動したのを覚えています。

今でもみそラーメンは、17歳のときに食べた味をイメージしながら作っています。野菜とお肉を炒めてから水と中華スープの素を加え、味つけはみそ、酒、砂糖、しょうゆ。最後に、にんにくのすりおろしを加えます。

トッピングは、ひき肉とコーン、ねぎ、ごまの組み合わせがベスト。夫も、このラーメンが大好きで、いつもにんにく多めで食べていたっけ。

自宅ではもちろん、ラーメン屋さんのような本格的なスープを作ることはできません。いつも、市販の中華スープの素をベースにして、好みの味にアレンジしています。

具も、そのときの気分や家にあるもので変化をつけます。肉みそをのせたり、バターで香りをプラスしたり。おなかがすいてガッツリ食べたいときは、小さいおもちを入れることもあります。

スープをさらにレベルアップしたいなら、「自家製鶏だし」を作っておくのがおすすめ。鶏だし……なんていっても難しいものではありません。はっきり言えば、鶏のゆで汁。蒸し鶏を作ったりささみをゆでたりしたとき、ゆで汁を捨てずに冷凍しておけばいいいんです。

ラーメンを作るとき、水の代わりにこのゆで汁、いや「自家製鶏だし」を使うと、スープにコクが加わります。捨ててしまうことが多いゆで汁もむだなく使えるので、「サステナブルな料理」とも言えるんじゃないかな……?

chicken tender

ささみの一夜干しで手に入れた三ツ星シェフの称号

藤井フミヤさんのファンクラブの会報には、料理コーナーがありました。ファンが送ったレシピの中からフミヤさんが気に入ったものを選んで試作し、優秀作品を選ぶというもの。もちろん、私もちょくちょく送っていました。入選することはよくあったのですが、あるとき、ついに一等を獲得しました。そのときのレシピは、「ささみの一夜干し」。アルコールを加えた塩水にささみを20分ほどつけ、天日干ししたものをさっと焼いて食べる……という、なかなか渋い料理です。

私がこのレシピを投稿したのには、理由があります。実はその少し前、フミヤさんはテレビの旅番組で干物店を訪ねていました。そこで、干物を作るための「干し網」をもらっていたんです。

フミヤさんが干し網を持っていることを知っていたから、自宅で作る干物のレシピを提案したわけです。一等になったのは、私の作戦勝ちです。

一等のごほうびは、フミヤさん直筆のコメント入りのカードでした。そこに書かれていたのが、「きみは今日から、三ツ星シェフ！」「おいしかった！　こうなったら、なんでも干してみよう」。ファン歴が長いので、フミヤさん関連のお宝はいくつも持っていますが、中でもこのカードは貴重品です。

時代に合わせて、ファンクラブの会報は紙からオンラインにかわりました。プリントした写真とレシピを郵送しなければならなかった頃にくらべると手軽に投稿できるようになったのですが、残念なことに、このコーナーはなくなってしまいました。料理が得意なファンの中には、フミヤさん公認の三ツ星シェフになるチャンスを失って、くやしがっている人もいるのかも……。

locomoco

ロコモコ弁当でよみがえる3回行ったハワイの思い出

お弁当箱は和風の曲げわっぱだけれど、中身はいろいろ。たまには、ご飯にハンバーグと目玉焼きをのっけたロコモコ弁当！　なんてこともあります。

こんなお弁当を作ったのは、楽しかったハワイを思い出したから。私は、これまでに3回ハワイに行っています。ちなみに、すべて藤井フミヤさんのライブを見るためのツアーです。

夫が元気だった頃、私にはできないことがたくさんありました。正確に言うなら、もともとは「できない」ではなく「しない」だったんですが……。

結婚した頃は、母の店の仕事でとにかく忙しかった。だからあえて、「できないこと」を作っていました。それを「あたりまえの自分の仕事」として夫がしてくれることに慣れていくうちに、本当にできないことが増えてしまったんです。たとえば家計は夫が管理してくれたので、やりくりができない。お財布のお金が少なくなると、そのへんにおいておけば、夫がお金を足してくれました。車の運転はできるけれど、ガソリンの入れ方がわからない。洗車のしかたがわからない。ストーブに灯油を入れたことがない。ごみを集積所へ運んだことがない。切れた蛍光灯をとりかえたことがない……。

そんな自分が不安になり、夫に言ったことがあります。「ねえ、私、あなたがいなくなっても生活していけるかな？　何にいくらかかるかもよくわからないのに、お金のやりくりなんてできるかな？」。夫は、笑って言いました。「なんとかなるよ。茶々がちょくちょくハワイに行ったりしなければ大丈夫！」。そうか。あなたがそう言うなら、今日のところはロコモコ弁当でがまんしておくよ。ちなみに私、自力で蛍光灯をとりかえられるようになったからね。

穏やかに続く毎日の中で
ワクワクしたり、カチンときたり、クスッと笑ったり。
暮らしの中の小さなことに元気をもらって、
さあ、明日もお弁当を作ろう。

家庭菜園のローズマリー。菜園にはみょうがや自然に生えてくる大葉も。
庭には八重桜の木があるので、春には桜の花と葉で塩漬けを作ります。

何でも手作り

「人間が作っている料理なら作れるはず」と思って、あれこれ工夫します。

だし汁

水だしを冷蔵庫に作っておきます。基本のだしは1ℓの水に昆布10gをつけて冷蔵室でひと晩。干ししいたけや煮干し、削りがつおを紙のお茶パックに詰めて足してもよいです。昆布だし汁を半分使ったら、水を足して煮干しを加えたりしています。

にんにくのオリーブオイル漬け（右）、黒にんにく（左）

にんにくはみじん切りにしたものがあると、刻む手間なしですぐに使えます。黒にんにくは古い炊飯器の保温機能を使ってみたら、うまくできました。どちらもすぐに食べない分は冷凍しておきます。

しょうゆ麹（右）、塩麹（左）

炊飯器の保温機能を使って、しょうゆ麹と塩麹を同時に作ります。調味料として幅広く使えるから、常備しておくと便利です。

焼き肉のたれ

おいしい市販のたれの原材料を参考にしたレシピ。おろしたじゃがいもが入っているのが特徴。

材料（作りやすい分量）

玉ねぎ…40g
じゃがいも…10g
にんにく、しょうが
…各5g（小1かけ）
酒、みりん…各50ml
しょうゆ…100ml
砂糖…大さじ3
オイスターソース…小さじ1
（あれば）ナンプラー…小さじ½
こしょう、七味唐辛子
または一味唐辛子…各少々
すり白ごま…小さじ1
酢…小さじ½

作り方

1 玉ねぎ、じゃがいも、にんにく、しょうがはすりおろす。

2 鍋に酒とみりんを入れて火にかけて煮立て、アルコール分を飛ばす。

3 しょうゆ、砂糖を加え、煮立ったらおろし野菜、ナンプラー、オイスターソース、酢、七味唐辛子、こしょう、すりごまを加え、再び煮立ったら弱火にして2～3分煮る。

4 清潔な瓶に入れて冷まし、冷蔵室で保存する。

※冷蔵室で1か月程度保存可能。子どもも食べられるよう甘めにしていますが、辛くしたい場合は唐辛子を増やしたり、砂糖を控えたりして調整してください。

みょうがの梅酢漬け

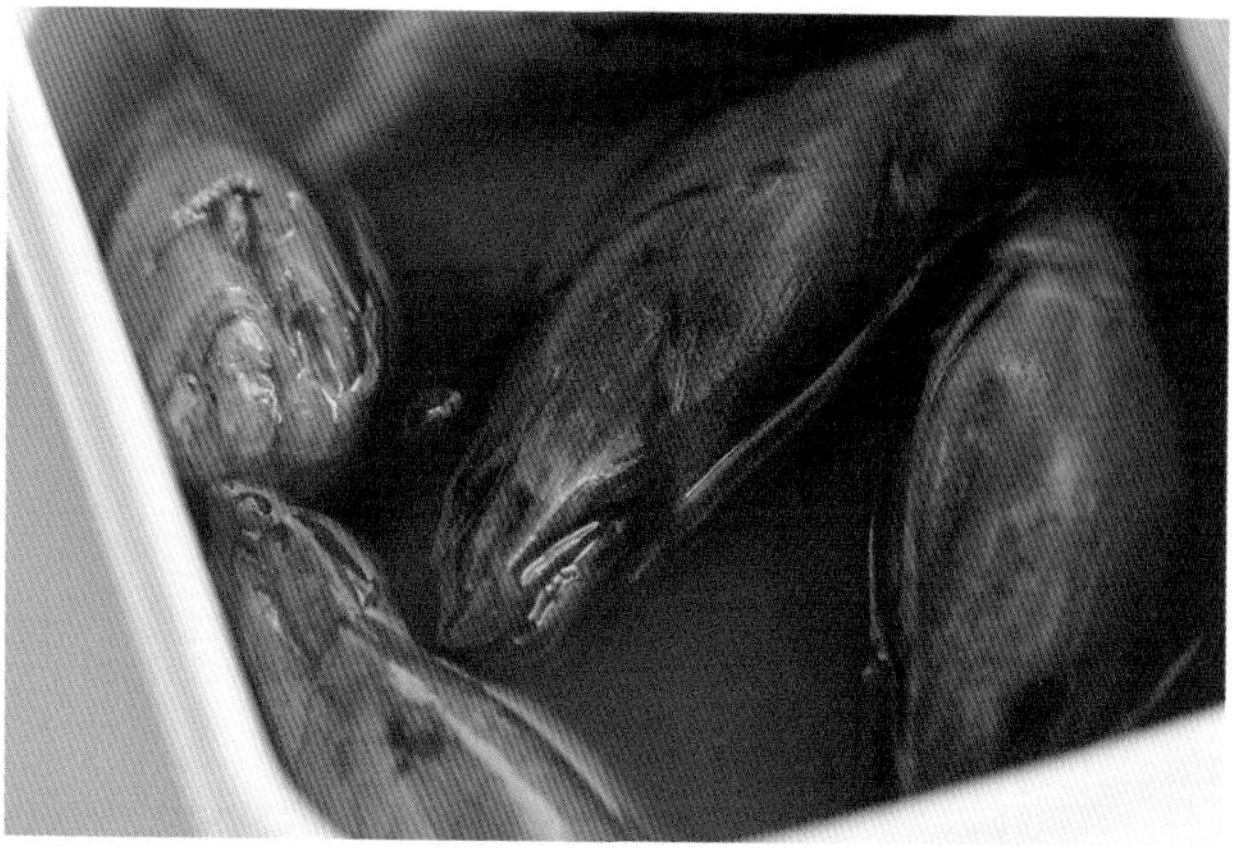

梅干しを漬けるときに上がってくる梅酢を使って作ります。鮮やかな色が、料理やお弁当に彩りを添えてくれます。
縦半分に切ったみょうがをさっとゆで、水けをふいて、砂糖を少し加えた赤梅酢に漬けるだけです。

新巻鮭

鮭の産地・新潟県村上市に行って、新巻鮭作りの講習会に参加してきました。料理歴は長いですが、一生勉強だと思います。
これは、鮭に塩をなじませている段階。1週間ほどしたら水につけて塩出しをし、洗ってから軒先で15〜20日間ほど干します。

干す

水分が程よく抜けて食材のうまみを増す方法が「干す」。天日に干せない冬場はファンヒーターの温風で作ります。ときどき裏返しながら朝から干せば、日中いっぱいでほぼ完成。ヒーターに近づけすぎると焦げるので注意を。エアコンの温風でも作れます。

干し大根

凝縮したうまみが味わえます

干し大根

作り方

皮ごと1cm厚さの輪切りにしてざるに並べ、1日ほど干します。手で折り曲げても折れないくらい、しんなりとして弾力が出たらOK。焼いたり煮ものにして食べます。食べきれないときは冷凍保存。

「干し大根のソテー」に

オリーブオイルをひいたフライパンに入れて、ふたをして両面を蒸し焼きにする。竹串がすっと通るようになればよい。ポン酢しょうゆを回し入れて黒こしょうをふる。

夕顔の実を削って
乾燥させたものがかんぴょう

かんぴょう

作り方

薄く削って天日干しにします。写真左は芯に近い部分、右は外側の部分です。料理によって使い分けられるように、分けて保存しています。常温で保存。普通のかんぴょうと同様に、水でもどして使います。使い方も普通のかんぴょうと同じ。煮ものなどに入れても。

ミニトマトなら乾燥するのも早い

ドライトマト

作り方

ミニトマトを半分に切って1日干します。パスタやピザ、スープ、炒めものなど、イタリアンのメニューに幅広く使えます。冷凍保存。

「イタリア風肉野菜炒め」に

にんにくのみじん切りと鷹の爪をオリーブオイルで炒め、香りが出たら好みの肉、野菜とドライトマトを炒めて塩、こしょうで調味する。器に盛り、市販のバジルソースをかける。

自家製の絶品メンマが作れます

干したけのこ

作り方

たけのこの皮を外側から1枚ずつはがし、ゆでてざるに並べ、天日で干します。常温で保存可能ですが、冷蔵だとなお安心。

「細切りたけのこ」に

たっぷりの水に1日浸ける。水を替えて火にかけ、1時間ゆでて一晩置く。細く切って手でもみ、水から1時間ゆでる。ごま油で炒め、だし汁、酒、しょうゆ、砂糖少々を加え、汁けがなくなるまで炒め煮にすればメンマに。

独特のかみごたえがあとをひく

干しこんにゃく

材料

黒こんにゃく…200g

A
- 酒…大さじ2
- しょうゆ…大さじ⅔
- みりん…小さじ1
- かつおだしの素…少々

七味唐辛子…少々

作り方

1 黒こんにゃくを縦半分に切って端から5㎜幅に切り、ゆでてアクを抜く。

2 鍋にこんにゃく、**A**を入れて炒り煮にし、汁けがなくなったら七味唐辛子をふる。ざるに並べて1日干す。半生でもカラカラでもおいしい。

「おつまみ」に

味がついているので、そのままおつまみに。ローカロリーなので口寂しいときのおやつにもおすすめ。

孫たちも大好きなおやつ

干しいも

作り方

さつまいもを蒸し器で蒸して皮をむき、厚さ1cmに切ってざるに並べ、干します。味見して、好みのかたさになったらでき上がり。写真は2日間干したもの。生干しくらいがおいしい。長期保存は冷凍で。

食べ方

そのまま食べてもおいしいが、さっとトースターで焼いても香ばしい。

ひと味違うみかんが楽しめます

干しみかん

作り方

みかんはよく洗って、皮ごと1cm厚さに切り、ざるに並べて1〜2日干します。表面が乾いて弾力が出たらOK。冷凍で保存。

「みかんヨーグルト」に

刻んでヨーグルトにトッピングする。ほかにも、そのまま紅茶に浮かべたり、お菓子の材料として、刻んでクッキーやバターケーキに入れたり、パンに混ぜ込んで焼いてもよい。

ジューシーさがおいしい

干しりんご

作り方

1 りんご大1個を4等分に切り、皮をむいて芯を取り、大きめの乱切りにする。

2 ラップをかけずに電子レンジの600Wで2分、上下を返して、さらに2分ほど加熱する。加熱で出た甘い汁は、汁だけ1〜2分レンジ加熱して煮詰め、りんごを戻し入れてからめる。

3 ざるに並べて1日干し、外側は乾いていて、中がぐにゅっとやわらかい感触になれば完成。

「干しりんごのチョコがけ」に

板チョコを手で割り、約60℃の湯せんにかけて溶かす。干しりんご1つずつにチョコをからめ、オーブンシートの上にのせる。寒い場所に置いて冷やし固める。

冷凍庫にあるもの

その季節にしかないものをひと手間かけて保存。おせち用も冷凍でキープ。

桜の葉の塩漬け（上）、桜の花の塩漬け（下）

桜もちでおなじみの葉。花は料理の彩りとしても活躍してくれます。庭にある八重桜で作ります。

実山椒

料理のアクセントになる香り。アクがあるのでゆでて水にさらしてから、水けをきって冷凍します。

菊の花

食用菊の花びらだけをつまみ取り、酢少々を入れた湯でゆでます。水にとって冷やし、水けをしぼって冷凍すれば、きれいな色がそのまま残ります。おひたしなどに加えて。

わらび

春を告げる山菜。塩漬けして常温保存が一般的ですが、私は薄く味付けし、その調味液ごと冷凍保存しています。

シューマイ

わが家のおせちの大定番。まとめて作って冷凍しておきます。この本ではシューマイの皮の代わりにキャベツを使ったレシピを紹介しています。

→レシピはP185

大根葉（右）、春菊（左上）、よもぎ（左下）

日持ちがしない青菜類もさっとゆでて冷凍して。よもぎはよもぎもちにします。

栗いろいろ

毎年、秋は栗仕事にいそしんでいます。マロングラッセは完成までに1週間かかる、とっておきスイーツ。おせちのお重にも必ず入れます。くずれた甘露煮もおせちのきんとんに入れます。

シロップで1週間かけて繰り返し煮た栗を最後に乾燥させて、ようやくマロングラッセのできあがり。

娘たちに送るおせち

長女宅に送ったおせち（2022年のお正月）。
この年の新顔はガーリックシュリンプ。

お品書き

- とり肉ロール
- とりかまぼこ
- ささ身たらこ巻き
- 鮭巻き
- 燻製卵
- 豚ひれ肉燻製
- ガーリックシュリンプ
- 芝えびから揚げ
- いかの一夜干し

- とりハム2種
- ほたてのカルパッチョ
- 干しりんごチョコがけ
- 干しいもチョコ
- 干し柿バター
- 栗甘露煮
- マロングラッセ
- チョコレートケーキ

・とりシューマイ
・豚シューマイ
・チキンナゲット
・にらまんじゅう
・ささ身燻製
・大根もち
・チャーシュー

・麩入り伊達巻き
・はんぺん伊達巻き
・ごぼうかば焼き
・黒豆金粉のせ
・ぎんなん　・3色卵
・りんごきんとん
・ナッツごまめ
・栗きんとん栗の渋皮煮のせ
・紅白かまぼこ
・にんじんのつや煮
・生ハムオニオン巻き
・数の子入りひたし豆
・えび養老煮　・菊花大根

・ぜんまいとたけのこ煮
・ほたて燻製
・里いもとれんこん煮
・昆布巻き
・高野豆腐煮とにんじんのつや煮
・大根年輪巻き
・かまぼこの花
・酢ばす
・なます

次女宅に送ったおせち（2019年のお正月）。

次女の家族は、どちらかというとこってり系が好み。長女宅用が豚もも肉なら次女宅用はバラ肉で、など材料を使い分けたり、それぞれの好物を多めに入れたりしています。

自分用のおせち。

お雑煮は、夫とふたりのお正月のときのもの。下は2022年のひとりのお正月。おせちを一皿に盛り合わせてみました。

第3章

秋

栗にくるみに、柿、大根。
自分が住む町に
季節の恵みがあふれていることを
散歩仲間が教えてくれました。

Japanese
radish

大根、むかご、ゴーヤに菊。朝の散歩は大豊作

多少の雨はものともせずに、週に一度、朝8時頃から散歩をしています。体操の会のメンバーから誘われ、3人で歩くようになりました。おしゃべりしながらマイペースで歩くだけなのでとくに持ちものはいらないはずなのですが、いつの間にか全員が持ち歩くようになったものがあります。

それは、レジ袋と軍手。散歩を日々の習慣にしてみると、近所の人に野菜などのおすそ分けをもらったりすることが珍しくない……とわかったからです。

あるとき土手の道を歩いていると、私以外のふたりが急に立ち止まりました。なぜか、足元の草むらをじっと見つめています。

「これ、大根じゃない？」と、Aさん。「カブかもよ？」と、Bさん。私もあわててふたりの視線を追ってみましたが、モジャモジャ茂っている「いろいろな草」が見えるだけ。それらしきものを見分けることができません。

ポカーンとする私の目の前で、ふたりがねらいをつけた草をつかんで引っこ抜くと……。おお、大根だ！　細くて小さいけれど、たしかに大根です。自然に根付いて育ったのでしょう。素早く軍手をはめ、3人で、それぞれ数本ずつ引っこ抜きました。

帰り道では、道端の斜面にむかごを発見。その日はAさんからししとうとピーマンと菊の切り花、Bさんからしいたけとゴーヤのおすそ分けもあったので、レジ袋はパンパンでした。

大根の葉は佃煮、むかごはむかごご飯、ししとうはみそ汁の具に。きれいな黄色の小菊は、玄関と仏壇に飾りました。「早起きは三文の徳」というけれど、三文どころではないような……。

asian
sandwich

想像で作るトーストサンドはアジアの屋台の味

自分のために毎日作るお弁当は、お昼に食べるためのもの。朝はバタバタしていることもあり、朝食をきちんと食べる日は多くありません。

ただし、朝食を食べないのは「健康のために一日二食！」などと考えているからではありません。いざというとき……つまり、何かを急に作りたくなった場合に備えて、おなかにすき間を残しておくようにしているんです。

私は、何かを思いついたらすぐに試してみたくなるタイプ。SNSやテレビでおいしそうなものや珍しいものを見ると、創作意欲がわいてきます。

とくに好きなのが、料理の映像や画像などから想像して、自分流のレシピで作ってみることです。私にとって料理の楽しさとは、考えながら作ること。できあがった料理が「本物」かどうかより、作る過程が楽しく、自分にとっておいしくできることのほうが大切です。

テレビで見た料理を作る場合、「食レポ」も大きな手がかりになります。だから、「すごい」「おいしい」しか言わないタレントさんにはイラッ。「ちゃんと味の感想を言ってよ！」と、テレビの前でブツブツ言ってしまいます。

最近、テレビの旅番組をヒントに作ってみたのが、アジアの屋台で売られているトーストサンドです。鉄板にのせた食パンの隣に卵を割り、へらで伸ばして薄いオムレツに。一緒に焼いたハムとともにポンとパンにのせたらケチャップをかけ、サッとふたつ折りにします。手際もよく、あまりにもおいしそうだったので、すぐにまねしてみました。

5分もかからずにできたサンドイッチは、大満足の味。こんなひとり遊びをすることも多いから、おなかにすき間が必要なんです。

egg

卵に逃げなかった日は「勝った！」と思う

お弁当がおいしそうに見えるかどうかは、色合いにかかっています。「映え」の決め手は、赤、黄色、緑の鮮やかな3色。それを引き締める黒もあれば、なおよし。色を引き立てるご飯の白がチラリと見えれば理想的かな？

色味を考えるとき、いちばん悩まされるのが黄色です。定番は、卵のおかず。でも、長年料理の仕事をしてきた者として、「いつも卵に逃げてはダメだ！」なんてプライドもあるわけです。

パプリカ、たくあん、菊、さつまいも、栗、レモン……。卵を使わずに「黄色を何にするか問題」をクリアした日は、思わず「よし、やった！」とガッツポーズ。でかしたぞ、茶々！　と、自分で自分をほめています。

彩りを考えて作ったつもりでも、いざ撮影しようとすると、もの足りなく思えることも。そんなときは、ちょっとしたものを追加すると全体が締まることがあります。

ある日のお弁当には、赤が足りない気がして、冷凍しておいたさくらんぼを追加。それでもさびしかったので、飾り切りにした梨ものせました。

でも、見た目重視で置いた場所は、ご飯の上。このままお昼まで時間をおいたら、味も色もかわっちゃうよね……ということで、さくらんぼと梨は、撮影後、私の口へ直行しました。

別の日のお弁当は、「赤」担当の食材が金時豆とハムだったせいか、なんとなく地味。鮮やかな赤がほしい！　と探しまわり、最後に加えたのが、さくらんぼの形の箸置きでした。もちろんこれも、撮影したらすぐに撤収。毎日のお弁当にも、実はこんな「本音と建前」があるんですよ。

potato

じゃがいもは、皮をむく前に洗いますか？

46歳のとき、母、兄と続けていた食堂兼お弁当屋さんから手を引きました。その後、何か料理に関わっていたくて始めたのが、ネット媒体でレシピ提案などをする仕事。そこから広がったものなども含め、今もコツコツ続けています。

最初に担当したのが、料理の初心者向けのレシピ作りでした。そもそも、私が希望していたのは別のジャンル。「初心者向けのレシピ提案ができます」なんて、ひと言も言っていません。先方もそれを承知で任せてくれたのですが……。

問題は、私が27年間、お店で出す料理を作りまくってきたこと。そんな私にとって、料理初心者の気持ちを想像するのは、とても難しいことでした。

レシピを提出すると担当者から質問が戻ってくるのですが、その内容がいちいち新鮮。「じゃがいもの皮をむき〜」という説明に対して「皮をむく前に洗わなくてよいのですか？」という質問が来たときには、ひっくり返りそうになりました。そうかあ。そこから書かなきゃいけないのか……。

その後レシピの書き方のコツは学んでいくことができましたが、初心者の気持ちがわからないのは相変わらず。そんな私を助けてくれたのは、大学進学のためにひとり暮らしを始めた娘でした。

その頃の娘はまさに、料理初心者。それからの私は、娘をイメージしてレシピを考えるようになりました。できあがったものは娘に送り、初心者の目で内容をチェックしてもらいます。反対に娘は、「作ってみたいもの」をリクエスト。私はそれを、なんとか初心者向けレシピに落とし込みました。

家ではまったく料理をしなかった娘。ちゃんと教えるべきだったかな？　と思ったこともあったけれど、あのときだけは料理ができない娘に感謝しました。

〈 chestnut 〉

栗の木に、くるみの木。食いしん坊流の見分け方

散歩の途中でホオノキを見つけ、いつか朴葉焼きをしてみたいな、と思っていました。でも数か月後、その木にトチの実がなりました。どうやらこの木は、トチノキだったみたい。調べてみたら、ホオノキとトチノキはよく似ていて、間違える人も多いのだそうです。カン違いしたまま料理に使ったら、料理名は「トチ葉焼き」になるのかな？

季節になると、たくさん実をつける栗の木があります。私は植物にそれほどくわしくないため、雑木林の中で栗の木を見分けることができるのは、花か実がついている時期だけです。普段はただの「木」なのに、実をつける時期だけ

は「貴重な栗の木」に見えてくるのが、なんだか不思議です。

ちなみに、花が咲いているときには「ああ、栗の木があるな」と思うだけ。食べられるものを実らせているときしかありがたみを感じないのは、私が食いしん坊だからでしょうか。

ただし、山菜とりにくわしい人によると、本当に貴重なのは収穫時期以外なのだとか。たとえばわらびの場合、わらび採りシーズンが終わった頃が大切な時期。そのときに「このへんにあるな」と目をつけておくことが、翌年の収穫につながるのだそうです。

近所にはあちこちにくるみの木もありますが、その中に1本だけ「洋くるみ」があります。それに気づいたのは、道に落ちていたのを散歩中に踏んづけてしまったら、パリンと割れたから。普通は踏んだくらいでは割れません。「ほかと違う」と調べてみたら、洋くるみとわかりました。食材で気になることがあったら確かめずにいられないのは……、やっぱり食いしん坊なんでしょうね。

tonkatsu sauce

とんかつソースさえあれば
おかずなんかいらない

鶏料理の店からおにぎり店、さらに食堂&お弁当の店など、店を出してはそれなりに成功させていた母は、「商売用の料理」は上手でした。でも、家族においしいものを食べさせようという気持ちはまったくなかったような気がします。とにかく、母が作る料理はまずかった! 唯一おいしかったのは、市販のルーで作るカレー。これは、まずく作るのが難しい料理ですよね?

中でも最悪だったのが、「焼き飯」です。私が子どもの頃はまだ、保温機能つきの炊飯器が普及していませんでした。そのため、冷やご飯をおいしく食べようと思ったら、蒸しなおすか、炒めたり煮たりしなければなりません。焼き飯も、冷やご飯をアレンジした一品なのですが……。

母の焼き飯は、鍋に冷やご飯とウスターソースを入れて適当に炒めたもの。具は何も入っていないし、仕上がりもベチャベチャです。いつも、「これなら、冷やご飯にソースをかけただけのほうがマシ！」と思っていました。

そしてもうひとつ、きらいだったメニューがうどんです。大鍋でだしとうどんを煮るだけなのですが、母はいつも、仕上げに卵を加えます。

問題は、その卵！　おいしく作ろうという気がゼロの母は、煮立つ前に卵を入れてしまいます。そのせいでだしがにごり、見るからにまずそうに……。おまけに、卵をたったふたつしか使わないこともいやでした。だってうちは、5人家族だったから。

焼き飯はきらいだった私ですが、「とんかつソース」は大好き。子どもの頃は、コロッケにジャバジャバかけて食べるのがごちそうでした。今だって、とんかつソースさえあれば、おかずなしで白いご飯をおいしく食べられます。

dried persimmon

母も大好きだった夫が作る干し柿

母は、2021年に亡くなりました。食欲もなくなってきた頃、母が最後に食べたがったのが、自家製の干し柿でした。

毎年、干し柿を作るのは夫の役目でした。ただし、私たちが暮らす家には雨を避けられる「軒」がありません。そこで夫は、初めての干し柿に挑戦したとき、皮をむいた柿を新聞紙の上に並べて干そうとしたんです。

私はそんな様子を横目で見ながら、「くっついちゃうんじゃない……?」と思っていましたが、黙って様子を見ることにしました。やっぱり、1日たつと柿のおしりに新聞紙がべったり。くっついたものをはがすのに、夫はかなり苦労していました。料理の知識がない夫には、時間とともに柿の水分が抜け、べたついてくることがイメージできなかったんだと思います。

それ以降、わが家の干し柿は、母の家の軒先を借りて干すようになりました。できあがった干し柿の一部は、お礼を兼ねて母に進呈。母は、この干し柿が大好きだったんです。

そもそも夫が干し柿を作るようになったのは、くだものの皮をむくのが上手だったから。お客さまに出したり、写真を撮ったりするとき以外は雑になりがちな私と違い、夫は家族でりんごや柿を食べるときにも、とてもていねいに皮をむいてくれました。

以前、夫が梨を買いにいった農家さんで試食を勧められた際、「皮のむき方がうまい！」とほめられたことがあったそうです。つまり私のひいき目ではなく、夫は本当に皮むきが上手だったということ！「うまいって、ほめられたよ」って、うれしそうに笑っていたっけ。

jelly beans

毎日買っていたゼリービーンズはだれのため?

だいぶ前のことだけれど、ばったり会った知り合いに、突然、「ご主人は子煩悩なのね」と言われたことがあります。とくに親しいわけでもないのに、なぜそんなことを? と思っていると、「毎日買っていくゼリービーンズ、お子さんへのおみやげでしょ?」って。

その人の勤務先は、夫の職場に近いスーパーマーケット。どうやら夫はその店に、毎日のように通っていたらしいのです。ただし、ゼリービーンズを家に持ち帰ってきたことは一度もありません。

その日、帰宅した夫を問いつめると、申しわけなさそうにゼリービーンズが大好きであることを白状しました。私に知られたら、「体に悪い！」と叱られると思い、言いづらかったんだと思います。

60代になって大きな病気をしてからは、治療の影響で血糖値が上がり、甘いものを自由に食べられなくなってしまいました。お菓子類はもちろん、くだものまで食べる量を厳しく制限されて、夫はつらかっただろうな……。

あるとき、ゼリービーンズが食べたいと言うので、少しなら食べてもいいんじゃない？　と答えました。すると夫は、「少しじゃいやなんだ。いっぱい食べたいんだよ」って。結局いっぱい食べる機会はなくて、お別れのとき、棺にゼリービーンズを入れてあげました。

最近では以前ほど人気がないのか、ゼリービーンズを売っているお店が少なくなってきました。でも、今でも仏前にゼリービーンズは欠かしません。

ただし、ひとり暮らしの家では、お供えしたもの＝私が食べるものです。食べすぎないように気をつけなくちゃ。

senbei

娘との温泉小旅行から連れ帰ってきた おせんべい

私の温泉デビューは50歳を過ぎてからです。それまでは、人が入ったお風呂なんて入れない！　と思い、温泉を避けていました。

きっかけは、娘に誘われた……というか、強引に連れていかれたこと。社会人になって温泉に目覚めた娘は、「マイ温泉セット」を常に車に積み込んでいるほどの温泉好きです。一緒に出かけたとき、いきなり「ねえ、帰りにお風呂入っていこう！」と言い出したんです。

「え〜？」と思っているうちに、温泉に到着。初めてのことなので、まず脱衣所で服をポンポン脱ぐ人たちにびっくりしました。すごいなあ、温泉って、こうやって入るのか……。なんだか、新しい発見をした気分でした。

ドキドキしつつ入ってみた温泉は、最高に気持ちよかった！　それ以来すっかりはまり、娘や夫、友人たちとも温泉に出かけるようになりました。

娘と、少し遠くの温泉へ行ったときのこと。途中で「道の駅」に立ち寄りました。そこで目にとまったのが、お菓子コーナーの張り紙です。

「長らくお待たせしました！　売り切れが続いていた大人気のおせんべい、入荷しました！」。見た目はごく普通のしょうゆせんべいなのですが、そんなに人気があるなら、さぞおいしいんだろう、と迷わず買いました。

その後温泉を楽しみ、家に向かう車の中で、何気なくおせんべいの袋を手に取りました。そして製造元を見てみると、なんと私たちの地元！

わざわざ遠くに来て、近所で買えるものを買って帰ることになるとは……。

「一緒に帰ろうね～」とおせんべいに話しかけながら帰ってきましたが、拍子抜けしたせいか、帰ってから食べたおせんべいの味は思い出せません。

Taiwanese castella

配合をかえて焼き続けた台湾カステラ

「台湾カステラ」が流行りはじめたとき、すぐに一度作ってみました。そのときは、日本のカステラのほうが好きかな？　と思った程度。あまりピンと来なかったので、それ以来、作ろうと思ったことはありませんでした。でも、あちこちで「おいしい」と聞くようになると……。作らずにはいられません。

初回は、2種類のレシピを試しました。食べくらべてみると、Aのレシピは正統派の台湾カステラ、という感じ。Bのレシピははちみつの香りがよく、より私好みでした。

でも、ここで止まらないのが私の悪いくせ。Bのレシピをベースに、はちみではなくみりんを使ってみたらどうだろう？　なんて思いついてしまう。もちろん、思いついたらすぐに試します。

　みりんバージョンはきれいに焼けたけれど、食感が今ひとつ納得できない。理想の仕上がりを目指し、配合をかえてもう一度焼きました。

　さらにその後、炊飯器で作ったらどうかな？　なんてことも思いついてしまいました。台湾カステラは、天板に水を入れてオーブンで蒸し焼きにします。そのことが頭にあったので、炊飯器の内釜に水を入れた紙コップを入れ、そのまわりに生地を流し入れてみました。

　シフォンケーキのように仕上がるはずだったのですが……。ふくらんだ生地がコップの中に入り込み、つぶれた円盤のような形になってしまいました。

　もちろん、そのままでは終われない！　試しに水を入れずにチャレンジしたところ、きれいに焼き上がりました。料理に関しては凝り性なので、新しいレシピを完成させるのもなかなかたいへんです。

iridori

炒り鶏を作るとき、いつ味見をしていますか？

体操の会の仲間から「おいしくないけど、あげる」と、ハックルベリーのジャムをもらいました。食べてみると、う～ん。申しわけないけれど、たしかに。その後、生のハックルベリーをたくさんもらい、「これ、おいしくないんだよね」とちょっと憂鬱になりました。でもジャムにしてみたら、あれ？　おいしい！　もらったジャムが今ひとつだったのは、材料のせいではなかったんです。

私のジャムがおいしくできたのは、私が天才だから……ではなく、味見をしながら作ったからだと思います。実は「料理が苦手」という人ほど、味見をせずに作る傾向があります。料理をおいしく仕上げる最大のコツは、「味見をすること」なのに。

味見というのは、「できあがったものを食べてみる」ことではありません。途中で味をたしかめることです。たとえば炒り鶏を作るなら、炒めた材料にだし汁と調味料を加え、ひと煮立ちしたところで煮汁の味見をしておきます。その後、しっかり煮詰めて完成したら、もう一度味見。そして、「煮始めにあの味だと、できあがりがこうなるんだ」と覚えておきます。

これをくり返すうちに、煮上がる前の段階で「もう少し甘みを足しておこうかな？」などの判断ができるようになります。修復可能な段階で軌道修正できるようになるので、失敗も減っていく、というわけです。

味や香り以外の感覚も大切です。新巻鮭の作り方を習ったとき、塩抜きは「指で押したとき塩漬けする前の生の鮭と同じ感触になるまで」、干し具合は「表面が乾くまで」と教わりました。「何時間」「何日間」などの数字は、あくまで目安。最後は自分の五感で判断するのが、料理の基本なんだと思います。

〈nattomabo〉

わが家の定番、納豆麻婆豆腐＆卵なしカルボナーラ

わからないことはなんでもネットで調べられるし、珍しい食材もネット通販で手に入る。便利な時代になったものです。でも便利になった半面、ないものをどうにかしようとして工夫したり、わからない部分を想像で補ったり、という楽しみが減ったような気もします。

若い頃、麻婆豆腐を作ってみよう！　と思い立ちました。当時は簡単に味を再現できる麻婆豆腐の素などもなく、本格的な料理の味を知るためには、専門店に食べに行くしかなかった。当然、私も「麻婆豆腐もどき」しか食べたことがありませんでした。

レシピを見ると、豆腐やひき肉のほかに「豆豉《トウチ》」とあります。もちろん近所では売っていないし、見たことも聞いたこともない。「豆」という文字や麻婆豆腐のイメージから代用品に選んだのが、納豆です。作ってみるとおいしくて、それ以来、納豆入り麻婆豆腐はわが家の定番おかずになりました。

パエリアを作ったときは、サフランの代わりにオレンジジュースで色づけ。カルボナーラは見た目を手がかりに、手作りのベシャメルソースでパスタをあえました。どれも「本物」ではなかったけれど、おいしかったなあ。

私が自信たっぷりにオリジナル料理を出していたので、娘たちは麻婆豆腐には納豆が入っているのが普通で、カルボナーラとはクリームパスタのことだと信じて育ちました。娘が大人になってから、あらたまって言われたことがあります。ねえ、おかあさん。うちで食べてたあれ、カルボナーラじゃないよ？

でも娘は、今でもうちのカルボナーラが好き。工夫して、楽しみながら作ったものには、本物とはまた違うおいしさがあるんだと思います。

stir-fried vegetables

おかずに迷ったときの強い味方・野菜炒め

家族と暮らしている頃から、夕食のメニューに悩んだことがありません。その理由は、自分が食べたいものを作っていたから。もちろん家族の好みも考えるけれど、スタート地点はいつも「自分が食べたいもの」でした。

とはいえ、自分を基準にしても食事がワンパターンにならなかったのは、私が料理の仕事をしていたせいかもしれません。長年、お店であれこれ作っていたので、レパートリーは豊富です。

おまけに私は、ちょっとお客さんが減ったかな？　と思うたびに、新メニューを追加していました。だから、お店の壁には料理名を書いた紙がズラリ。よくあれだけの種類の料理を出していたな、と我ながら感心してしまいます。私の料理で育った娘たちは、こんな食生活にすっかり慣れています。そのせいか、あまり「おいしい」とも言わない。「おかあさんの料理で、好きなものは何?」と聞いても、「わからない」と答える始末です。まあ、おいしいのがあたりまえだと思っている、ということにしておきますが。

大学に入学して親元を離れたとき、次女には夢がありました。それは、冷蔵庫の冷凍室を市販の冷凍食品でいっぱいにすること。わが家には縁がなかった冷凍食品がおしゃれに思えたのでしょう。引っ越し後、すぐにやってみたそうですが……。「3日で飽きちゃった」と言っていました。

ひとり暮らしになった今でも、献立に悩むことはありません。すぐに思い浮かばないときは、迷わず野菜炒めにします。味付けをかえたり、豆腐を加えてチャンプルーにしたりと、アレンジも無限大。欠点があるとすれば、あまりにもシンプルな料理なので、ブログのネタになりにくいことぐらいかな。

dashi soup

無理せずに続けたいから だし汁は冷蔵庫で

お店で出す料理は、ひと口食べた瞬間に「おいしい」と思ってもらうことが大事。だから、だしも濃いめにしっかりとっていました。

でも家で食べるものは、そこまでのインパクトは必要ありません。じっくり味わって「おいしいなあ」と感じるぐらいがちょうどいいんじゃないかな、と思います。

だから今では、昆布と削りがつおできっちりだしをとるのは、大量のおせち料理を作る年末ぐらい。普段は手軽な「水だし」を使っています。

私のやり方は、冷蔵庫に入れられるポットなどに水と昆布を入れておくだけ。

気分に合わせて、「お茶パック」につめた削りがつおや干ししいたけ、煮干しなどを合わせることもあります。だし汁が中途半端に残ったときは水を足し、削りがつおなどを適量追加して、ちょっと味をかえて楽しむこともあります。

毎回、きっちりだしをとらなければ！　なんて思うと、料理がたいへんなものになってしまいそう。毎日のごはん作りは、完璧を目指すより、無理なくできるスタイルで続ければいいいんじゃないかな？

「レシピを見なければ作れない」というのも、料理を面倒なものにする原因のひとつだと思います。以前、レシピを見ながらおせち料理を作ろうとしたとき、あまりにも時間がかかるのに驚きました。いちいち「これはどうするんだっけ？」と確認し、そのたびに老眼鏡をかけたり外したりして……。

やっぱり私には、記憶と思いつきで料理する方法がむいているみたいです。レシピを見なくても失敗しないのは、料理を「頭」ではなく「舌」で覚えているから。料理がぐっと楽になるこの方法、皆さんにもおすすめです。

rice with red beans

センスが今ひとつのプレゼントを思い出す、自分のためのお赤飯

68歳の誕生日、朝から自分のためにお赤飯を炊きました。栗も一緒に炊き込んで、鳥の形に飾り切りしたにんじんを添えて、お弁当箱に詰めました。

夫は知り合ってからずっと、欠かさずに誕生日プレゼントを贈ってくれました。プレゼントをくれるのは、もちろんうれしい。でも残念なことに、センスがあまりよろしくない！　自分でもそれがわかっていたようで、いつもデパートの売り場の人に相談しながら品物を選んでいたみたいです。

たったひとつ、「これはないでしょ？」と思ったものがあります。それは、香水。たぶんデパートで、「女性は香水を喜びますよ」と勧められたんでしょう。

でも当時の私は、母の店で料理を作っていました。包みを開けたときは思わず、「私がなんの仕事をしてるか知ってるよね?」「こんな香りをプンプンさせた人が作ったものを食べたいと思う?」と詰め寄ってしまった……。

私がつけることはできないので、その香水にはトイレで活躍してもらうことに。甘い香りを漂わせてくれたボトルは、今でもトイレの棚に飾ってあります。

反対に「最高!」と感動したのは、形のないプレゼントです。お店の経営がうまくいかず、本当にお金がなかった時期のことです。私のお財布に入っていた現金は、50円。そして、藤井フミヤさんのファンクラブの継続手続きの締め切りが迫っていました。5000円の年会費なんて払えそうもありません。

そんなとき夫がさりげなく、「ファンクラブ、継続してきたから」。おしゃれをしていそいそとコンサートに出かける私を見ては、不機嫌になってた頃もあったのに。センスはなくてもやさしさは日本一! 人生最高のプレゼントでした(声に出して言ってあげればよかった)。

お店を始めた19歳、結婚した21歳、
新しい仕事を始めた46歳、
ひとり暮らしになった67歳。
「今日も、幸せに暮らせました」。
一日の終わりにこう思える日を、これからも重ねていきたいな。

長年暮らしている町からは鳥海山が望めます。この山は私が結婚した年に小噴火し、店から噴煙が見えました。

思い出の写真

なぜかピンボケばかりだった結婚式の写真。「奇跡の１枚」をリビングに掛けています。

夫は私の店にお客さんとして来ていて、知り合いました。店で働いている私と当時の店の外観。

古いアルバム。旅行をすると、いつも夫は私の写真をたくさん撮っていました。

食堂の店主でした

当時の店のメニュー表とシール。人気のメニューは麺類やカツ丼、カレーライスでした。

個室もある広い店で、お弁当も販売していたので、とにかく忙しい毎日でした。海水浴客の来る夏場はあまりにも忙しくて、泣きながら働いたものです。

〝推し〟はフミヤさん（すべて著者私物）

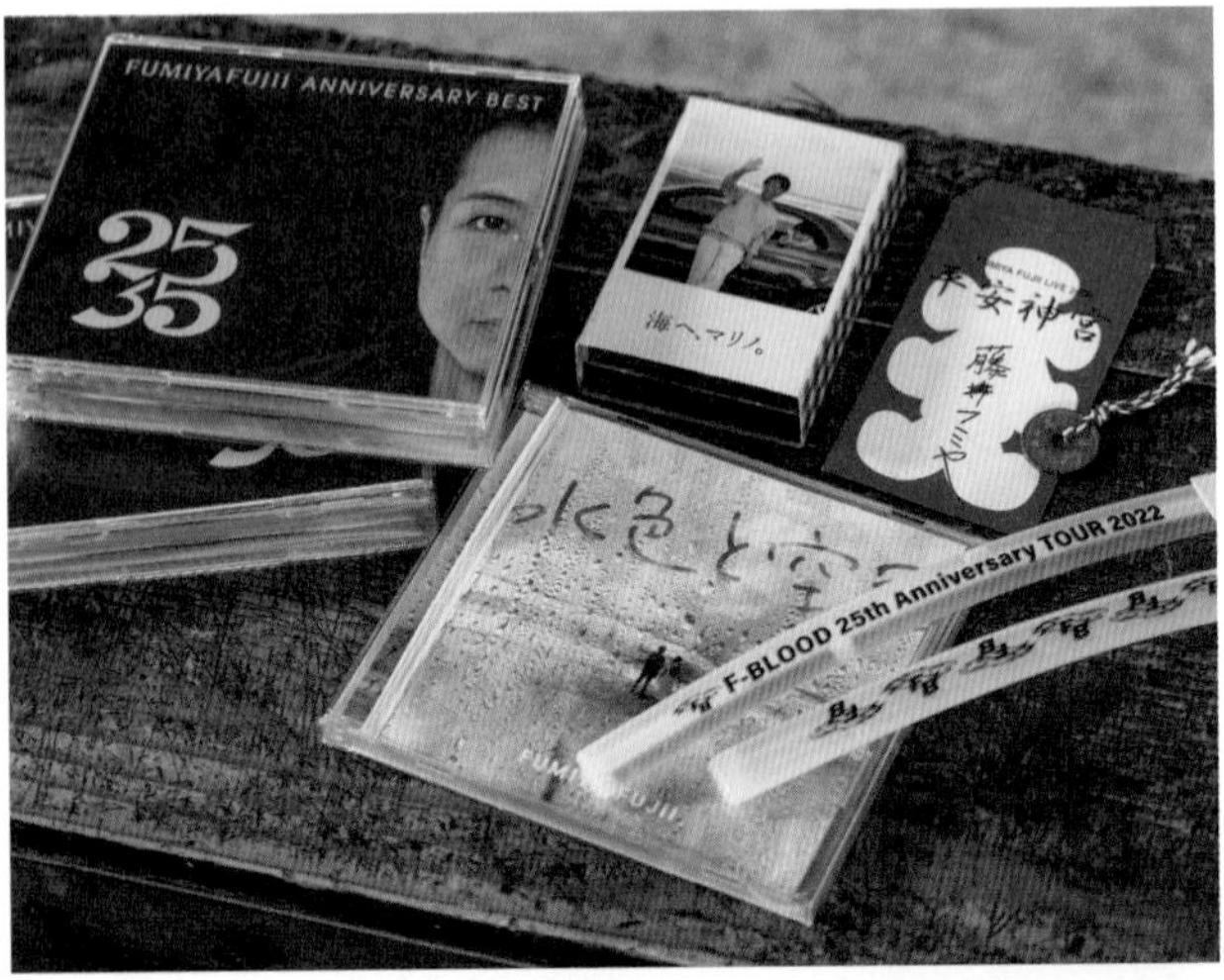

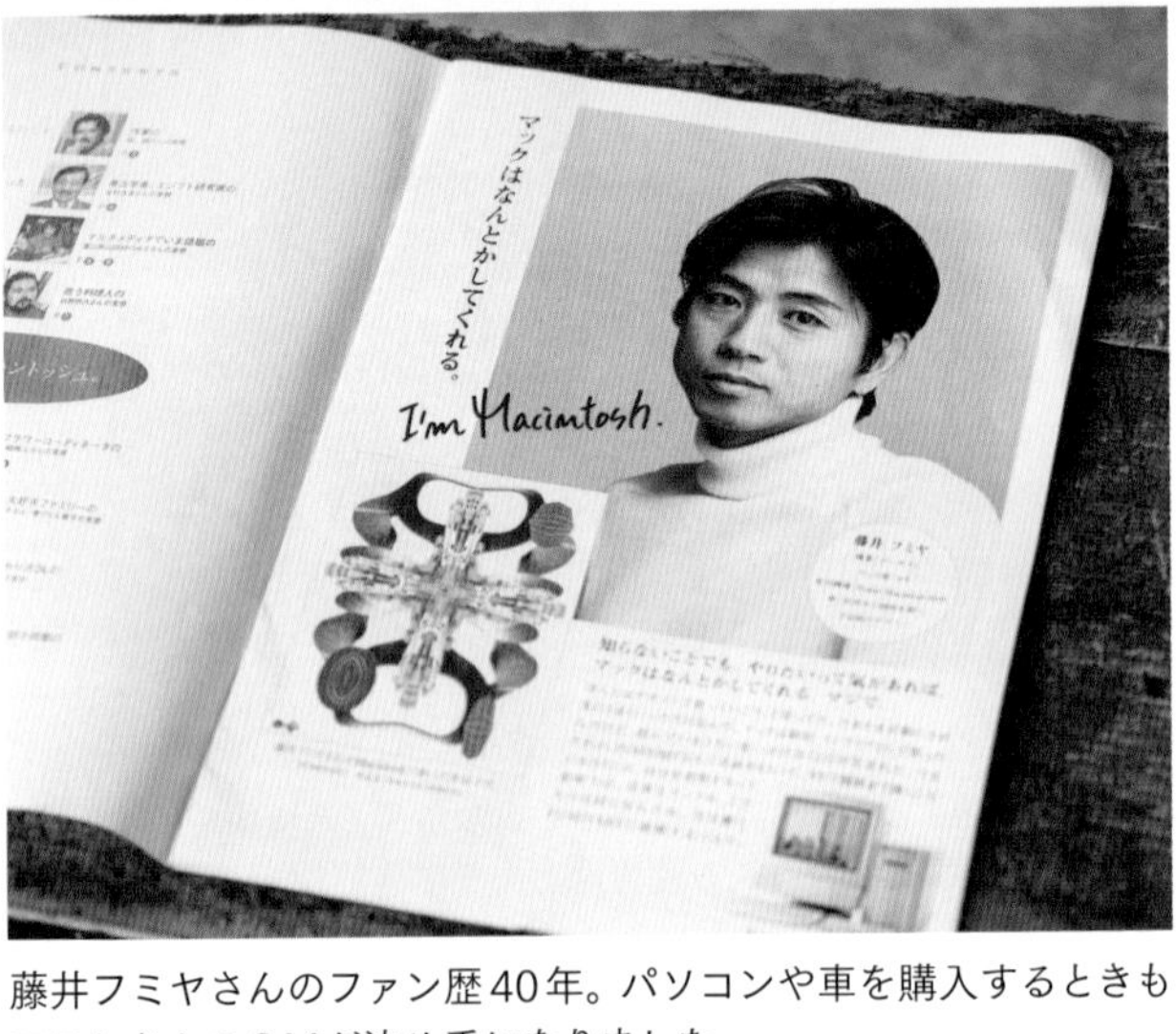

藤井フミヤさんのファン歴40年。パソコンや車を購入するときもフミヤさんのCMが決め手になりました。

フミヤさんのコンサートに行くのが人生の楽しみです。CDはもちろんグッズ類も宝物。貴重な直筆サインや2ショット写真は大切に保管しています。

いつもここでブログを書いています。フミヤさんのおかげで早い時期から
パソコンに親しんでいたことが、今につながっています。

第4章

冬

孫たちのためのクリスマスケーキに
おせち作り、
新巻鮭の仕込みも加わって、
私の冬は駆け足で過ぎていきます。

new year's dishes

12月恒例のおせち作り。なぜか毎年、品数が増えていく

毎年、年末は一年でいちばん忙しい季節です。理由は、おせち料理を作るから。必ず作るのは、ふたりの娘の家族、弟の家族、自分用の4世帯分。それに加えて、友だちや近所の人からいくつか頼まれることもあります。

自宅には普段づかいの冷蔵庫とは別に冷凍庫があり、これはおもにおせち用。わが家のおせち作りは、秋に、それまで休ませていた冷凍庫にスイッチを入れるところから始まります。さっとゆがいた食用菊、手作りの栗の甘露煮、渋皮煮、マロングラッセ、自家製干し柿に干しいも、ゆでた春菊、いくらのしょうゆ漬けなども加わり、冬に向けてじわじわと冷凍庫の中身が増えていきます。

12月に入るとすぐに、本格的におせち作りの準備に入ります。12月のカレンダーには、「黒豆を水につける」「数の子の塩抜き」など、いつ何をするかを細かくメモ。効率よく進めるため、作業の抜けがないようにしています。

おせち作りがここまでたいへんなのは、品数が多すぎるからです。和風なら和風、と決めればいいのに、和洋中すべて作りたい。長女と次女の家族は食の好みが違うので、それぞれが好きなものも入れたいし……。

そんなわけである年の12月、たとえば次女用のおせちは四段重＋α。全部で43品でした。長女にだけ入れるものもあるので、合計50品は超えていたかも。新しい料理をひと品加えたら、どれかひとつ作るのをやめればいいのに、それができない。だから毎年、品数は増えていくばかりです。

毎年、「来年は絶対、こんなに作らない！」と決心するんです。でも実際に作りはじめると、「あ、ごぼうが半端に残ってるから何かもうひと品……」なんて思ってしまう。次の12月には、いったい何品作ることになるんでしょう?

salmon

1尾1000円で新巻鮭を仕込む

初めて新巻鮭作りに挑戦したのは、2021年。体操の会の仲間・Aさんに誘われて、「新巻鮭教室」のような講習会に参加しました。会場でできるのは、大きな鮭と格闘しながらおろし、塩をまぶすところまでです。

参加者は鮭をポリ袋に入れて持ち帰り、発泡スチロールの箱に移して塩漬け。その後、洗って干せば新巻鮭の完成です。

教室が終わってAさんの車に乗り込むと、「ねえ、ランチして行かない？」。……え？ はっきり言って私は、一刻も早く帰りたかった。鮭を早く袋から出したかったから。でも、車に乗せてもらっているしなあ、と思うと断りにくく、結局、ランチをすることになりました。

食べ終えて車に戻り、さあ早く帰ろう！　と思った瞬間、「ねえ、うちでお茶飲んでいきなよ」。これも断りきれず、Aさんの家でお茶をごちそうに……。

自宅に着いたときには、袋の中の鮭から水分が出て、表面の塩も溶けてしまっていました。しかたがないので少し塩を足してから箱に移しました。その後、習った通りに塩抜きし、干して仕上げたけれど、完全に納得のいく出来とはいえませんでした。

ということで、2022年にリベンジ。今回はひとりで参加し、知りたかったことをいろいろ質問してきました。でも、その鮭を持ち帰ったタイミングで、なんと2本めの新巻鮭を仕込むことになったんです。

理由は、地元でよい鮭を勧められたから。それも、1尾1000円で！　というわけで、2023年のお正月には、新巻鮭が2尾。子どもたちや弟の家族にたっぷり分けてあげられました。

edible
chrysanthemum

おせちの定番・鶏肉の黄菊はさみ焼き。そして、菊といえば……

わが家のおせちに欠かせないのが、「鶏肉の黄菊はさみ焼き」。鶏肉を観音開きにして黄菊をはさみ、オーブンで焼いたものです。いわゆる「おせち料理」ではありませんが、次女の好物なので毎年作っています。

菊といえば思い出すのが、夫を初めて自宅に招待したときのことです。その日は私の誕生日。少し緊張した様子で訪ねてきた夫は、私へのプレゼントを手にしていました。それが、私がファンだったジュリー（沢田研二）のレコードと、特大の菊の花束！

当時はおしゃれな花屋さんなどなかったので、仏花を扱っている町のなんでも屋さんで花束を作ってもらったんでしょう。気持ちはうれしかったけれど、心の中で「お墓参りなの？」と突っ込まずにいられませんでした。

若い頃の私は花に興味がなかったのですが、「お花が好き」と言ったほうがかわいいだろうな、ということぐらいはわかっていました。だから夫に好きな花を聞かれたとき、とっさに「えーと、黄色いチューリップかな」と答えました。

するとあるとき、夫が急に車で迎えに来て、「早く車に乗って！」と。急かされて向かった先は、黄色いチューリップ畑でした。仕事中にたまたま見つけたから、茶々に見せたくて、と。

「きゃあ、きれ〜い」なんて言えたらよかったけれど、私はかわいらしいリアクションが苦手。なんとか喜んでみせなくちゃ！　と焦り、口から出てきたのが「わあ、黄色なんだ〜」。見ればわかることしか言えませんでした。

庭のある今の家に引っ越したとき、夫が黄色いチューリップを植えてくれました。私が好きだって、信じてくれていた花は、今年もきれいに咲きました。

sweets

フミヤさんにもらったお菓子と写真写りの痛恨の失敗

旅行に行くと、夫はやたらと私の写真を撮りたがりました。景色のよいところなどに行くと、「はい、写真撮ろう」。周りに人がいるときなどは、ちょっと恥ずかしいんだけど……なんて思いながらも、撮ってもらっていました。

レシピ制作の仕事では、プロに写真を撮ってもらう機会もあります。あるとき、カメラマンが「撮られ方の極意」を教えてくれました。ポイントはふたつ。カメラに対して体をやや斜めにして立つことと、「これでもか！」というほど笑うことなのだそうです。

その教えを守ってきたせいか、私はよく「写真写りがいい」と言われます。

でも残念なことに、本当に大切なときには失敗してしまう！

忘れもしない２０１３年。私は抽選に当たり、藤井フミヤさんのライブ終了後、楽屋に行けることになりました。当選者は、全部で10人ほど。ひとりひとりフミヤさんと握手をし、小さなプレゼントをもらいました。

そして最高の特典が、フミヤさんとの2ショット写真の撮影です。緊張のあまり、フミヤさんに近づけないでいる私に、カメラマンが「もっと寄ってくださいと声をかけてくれて、うれしいやら恥ずかしいやらで一瞬ためらったあと、あわててぐっと寄った瞬間、パチリ。できあがった写真の私は、とても幸せそうに目をつぶっていました。ああ、せっかくのチャンスだったのに。

フミヤさんからもらったプレゼントは、かわいらしいお菓子の詰め合わせでした。こんな貴重なもの、絶対に食べられない！　一生とっとく！　と決めたはずなのに、パソコンの前に飾っておいたら、いつの間にかなくなっていました。なにせ、食べ物を粗末にできない習性なもので。

pickled chinese cabbage

今では私しか作れない 夫が好きだった白菜漬け

母に言わせると、私は母方の祖母に似ているそう。祖母はこの町の料亭のひとり娘として生まれ、家業を継いでいました。母もその料亭のひとり娘でしたが、上京して結婚。離婚後に出戻ってきました。母は生涯を通して、家業を再興させることが夢だったようで、自分の店を大きくするのに必死でした。

祖母は料亭をたたんだあと、駄菓子屋さんをしていました。店先で食べられるものも扱う昔風のスタイルのお店です。煮干しのだしで煮たこんにゃく、大根ときゅうりの粕漬け、ブリコのしょうゆ煮なども売っていました。ブリコとは、ハタハタの卵のことです。駄菓子店にあるのは、かたい殻に包まれたものをさっと煮てさましたもの。殻ごと口に入れて味がしみた卵を食べ、殻を吐き出します。ハタハタやブリコが貴重品となった今では、とても信じられないおやつです。

町で最初に電気炊飯器を買ったのは、祖母だったそう。ハイカラで、料理上手な人だったといいます。祖母には、いい思い出しかありません。でも私が6歳のときに亡くなったため、料理を習うことはできなかったのが残念です。

私は若い人に、「身近なお年寄りにレシピを聞いておくといいよ」と言っています。親世代が実際に作ってきた料理の味は、本やサイトで紹介されているレシピの中にはないと思うからです。

私は結婚してすぐに、義理の母から白菜漬けを習いました。塩漬けにした白菜を、昆布やにんじん、にんにくを加えただしに漬け込むもの。義理の母によると、作り方を聞いてきたのは私が初めてだとか。その母も亡くなった今では、これを作れるのは私ひとりです。こうして消えていくレシピがあるのって、なんだかもったいないと思いませんか？

taiyaki

ひとり暮らしだからできる。まさかのたい焼きディナー

ひとり暮らしによいところがあるとしたら、好きなものを好きなだけ、好きな時間に食べられること。自分さえよければOKなので、家族がいたらあり得ないようなメニューになることもあります。

たとえば、たい焼きディナー。でも、買ってきたたい焼きをポソポソ食べておしまいにするわけではありません。メインディッシュのたい焼きは、焼きたてのホカホカ。なぜかといえば、私はたい焼き器を持っているからです。

蒸気機関車で「汽車通学」をしていた高校時代、学校の最寄り駅前にたい焼き屋さんがありました。たい焼きは、1~2尾ずつ焼き上げるものを「天然」、

一度にたくさん作れる焼き型を使ったものを「養殖」と言うのだそう。そのお店で売っていたのは「天然」のたい焼きで、薄くパリッと焼かれた皮が私好みでした。高校3年間で、いったい何尾食べたことか……。

マイたい焼き器を買ったのは、20代の頃です。その頃には、高校時代に通ったたい焼き屋さんはなくなっていました。だから、たまたま通販カタログで「天然もの」の焼き型を見つけたとき、「これを買って、自分で作るしかない！」と思ったんです。

一度に2尾焼ける南部鉄器製のたい焼き器は浅めで、私が好きな薄皮のたい焼きを作るのにぴったり！　夕食用には、ハム&ソーセージ入りとあんこ入りをひとつずつ焼きました。

そういえば以前、皮の代わりにしょうゆで味つけしたご飯、あんこの代わりに漬けにした刺身の鯛を入れて「本物のたい焼き」を作ってみたことも。カリッと焼き上がったライスバーガー風のたい焼き、なかなかおいしかったです。

oden

夫の好物だったおでんはリメイクし放題の便利おかず

お正月明け、冷蔵庫の奥に1本だけ残っていた賞味期限切れのちくわを発見。年末年始は冷蔵庫が超満員になるため、見落としていたみたいです。くやしいけれど、捨てるしかない。

食材をむだにするのがいやなので、残ったものやおいしくないものはリメイクします。同じものをそのまま食べたら、ただの「残りもの」になってしまうので、目先をかえてアレンジし、意地でもおいしく食べきります。

たとえば、お弁当に入れたゆで卵。食べきれないときは取り分けておき、タルタルソースにして夕食へ。カレーライスの翌日は、カレーそば。ポテトサラダはハムでサンドし、ころもをつけて揚げればポテサラフライ。好みに合わなかった市販のパスタソースは薄めて玉ねぎを加え、スープに変身させました。リメイクの幅が広いのが、おでんです。煮汁は茶碗蒸しに使ったり、ラーメンスープのベースにしたり。豆乳を加えた煮込みうどんもなかなかです。

具の大根は、汁けをきってころもをつけ、ノンフライヤーで焼き上げれば、低カロリーの大根カツに。ケチャップをつけて食べるのがおすすめです。

少し手をかけたいときは、じゃがいもと大根を粗くつぶして春巻きの皮で包み、ごま油をぬってノンフライヤーへ。パリッと香ばしい、おでん焼き春巻きができあがります。

そういえば、おでんは夫の大好物。帰ってきたときおでんの香りがすると、「ああ、今日はおでんか」って、うれしそうな顔をしていました。でもたぶん、翌日食べたラーメンにおでんのだし汁が使われていることには気づいていなかっただろうな……。

だれかのレシピを見るより、
自分で作り方を考えるのが好き。
料理の楽しさは
考える楽しさでもあるから。

柿をふたつだけ干し柿に。おせちのなますに使うのにちょうどいい量です。

小皿料理を楽しむ

小皿にのせるのにちょうどいい常備菜が、
冷蔵庫には何かしらスタンバイしています。

曾祖母から代々受け継がれてきた骨董品の小皿。しまいこまずにせっせと使っています。

あり合わせのものでも、いい器で引き立ちます。ご飯も焼きおにぎりにして小皿に。

普段のおかずも、たくさんの種類を並べるとごちそう風になります。

料理は日々工夫と発見

数年前にはやった「ハッセルバックポテト」。

ポテトの代わりになすを使い、なすの間にベーコン、玉ねぎ、チーズをはさんでピザ用チーズをのせ、オーブンで焼いたら大成功！

生春巻きを作ったら、もっちもちの皮がすごくおいしくて、皮によって味に違いがあることを発見。この年になっても初めて知ることがある小さな幸せ。

ご近所さんから玉ねぎをいただいた代わりに玉ねぎ料理をリクエストされて、リングフライに。豚薄切り肉を玉ねぎに巻いて揚げたら美味でした。

海岸も散歩コース

夫とも一緒に散歩をしたものです。孫たちを連れて遊びにくるのは楽しい時間。

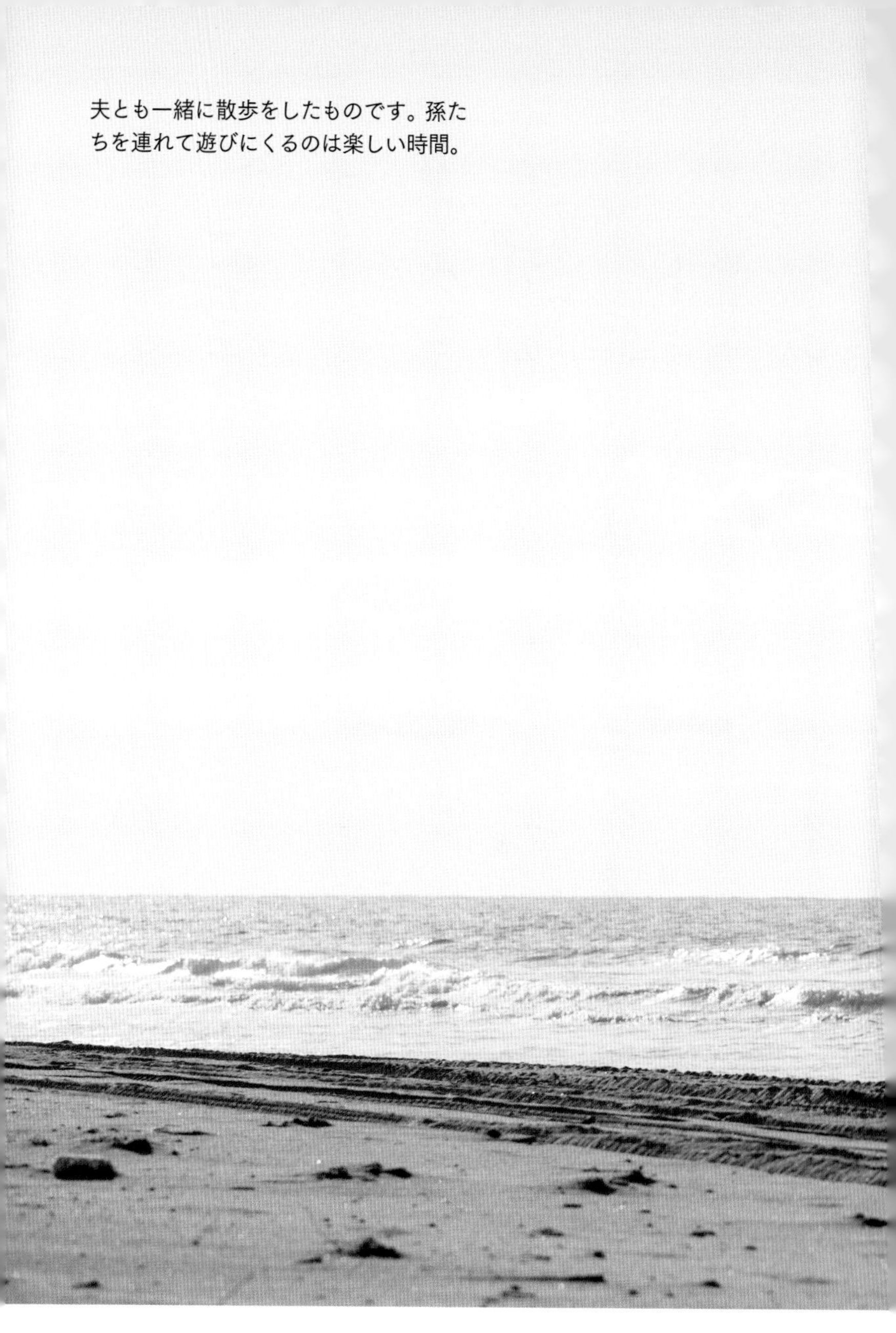

small dishes

残りものを盛るだけ！のごちそう・小皿料理

いろいろなものがちょっとずつ残ったときのお楽しみが、「小皿料理」。実はわが家には、年代ものの小皿がたくさんあります。

曾祖母の代から受け継がれてきた小皿は、実用品だけでなく、趣味の品のようなものも。小皿をおさめた木箱には、「嘉永×年」などと書かれています。嘉永、ってことは、1800年代半ば。本当なら、かなりの年代ものですよね。もしかして高級品が混ざってたりして？　と、お皿の裏に書かれた文字をネット検索してみたこともあります。が、どれぐらいの値打ちがあるものなのかは、ぜんぜんわかりませんでした。

お値段はともかく、私はこの小皿がとても気に入っています。柄はバラバラなのに並べると統一感があるのは、選んだ人のセンスによるものでしょうか。ズラリと並べてひと口分ずついろいろなおかずを盛り付けると、残りもののおかずが素敵なごちそうに変身します。

反対に、盛り付けで思いきり遊ぶこともあります。大きなアスパラガスをもらったときは、ゆでたものを束にしてグラスにさし、きゅうりやさくらんぼとともに「生け花」をイメージして飾ってみました。

アスパラガスが立派すぎて穂先が垂れ下がってしまったのは計算外でしたが、なかなか楽しい眺め。記念撮影をして、アスパラガスをくれた人に見せたら、おもしろがってくれました。

小皿料理も生け花も、自分だけのためだったら、たぶんやらない。ブログや写真を見てくれる人がいるからこそ、のお楽しみです。いつも一緒に遊んでくれる皆さんに、感謝です。

grilled
rice cake

私を虜にしたフミヤさんに夫が焼きもち!?

母の店を辞めた後、ネット媒体でレシピ制作の仕事を始めたのも、夫が亡くなってからブログを書きはじめたのも、私にとってパソコンが身近なものだったから。どちらも、ゼロから始めることはなかったと思います。

私が自分のパソコンを手に入れたのは、1990年代の前半。私と同世代では、プライベートでパソコンを持っている人はそれほど多くありませんでした。なぜ、そんな時期にパソコンを買ったのか？　といえば、藤井フミヤさんがCGでアート作品を制作していたから。ファンとして、フミヤさんのまねをして自分のパソコンを持ちたかったんです。また、フミヤさんの公式BBSにアクセスする！　という目的もありました。

最初は電源の入れ方さえわからず、高校生だった娘にＢＢＳにログインするところまでやってもらっていたほど。でも使ううちに慣れていき、店を辞める頃には、ネット媒体で仕事ができる程度にはなっていました。こう考えると、私の人生、すべてがフミヤさんのおかげのような気がしてくるなあ……。

私がフミヤさんのファンになったばかりの頃、夫は軽く焼きもちを焼いていました。お店のスタッフと私がフミヤさんトークで盛り上がっていたら、「店でそんな話をするのはやめなさい」なんて言ってきたこともありました。私は、夫の口出しにカチン。ちゃんと謝るまで、口をききませんでした。

夫は、結婚46年めに亡くなりました。そして、私がフミヤさんのファンになってから、今年で40年めです。

「あと数年で、あなたよりフミヤさんとのお付き合いのほうが長くなっちゃうよ」。仏壇の前からの私の報告を、夫はどんな気持ちで聞いているのかな。

甘い卵焼きののり弁（P50）

卵焼き

材料（1人分）と作り方

卵1個を溶きほぐして、砂糖小さじ1、酒小さじ½、塩少々を入れて混ぜ、油少々を熱したフライパンに半分流し入れ、縦長にのばして焼く。手前から巻き、残りの溶き卵を流し入れて巻きつける。

大根、厚揚げ、しいたけの煮物

材料（1人分）と作り方

1 干ししいたけ1枚は水でもどし、半分に切る。厚揚げ100gは4つに切る。

2 大根100～150gは厚さ2㎝に切り、厚めに皮をむいて半分か4等分に切る。鍋に大根とかぶるくらいの水を入れて火にかけ、煮立ってから15分ほど、串がスッと刺さるまでゆでる。ざるに上げて湯をきる。

3 鍋に**2**の大根、しいたけ、だし汁1カップ、みりん大さじ1、砂糖大さじ⅔、しょうゆ大さじ1を入れて火にかけ、ひと煮立ちしたら、厚揚げを入れ、軽い落としぶたをして弱火で10分煮る。そのままさまして味を含ませる。

※晩ごはんに半分食べて、残りを翌朝に煮なおして煮汁を煮詰めてからめ、お弁当のおかずに。

ちくわの磯辺焼き

材料（1人分）と作り方

1 ちくわ6㎝は縦半分に切り、ボウルに入れる。天ぷら粉小さじ2をまぶし、水を少しずつ加えて混ぜ、青のり粉少々をふる。

2 フライパンに油小さじ1を熱し、**1**を並べる。フライ返しで押しつけてころもに火を通し、両面を焼く。

ブロッコリーの肉巻き

材料（1人分）と作り方

1 豚薄切り肉1枚に塩、こしょう各少々をふり、手前にブロッコリー小房1個をのせて、くるくる巻く。

2 天ぷら粉適量を水で溶き、とろりとしたころもを作る。

3 **1**に**2**をつけてパン粉適量をまぶし、油大さじ1を熱したフライパンに入れ、転がしながら焼く。

にんじんの白だし漬け

材料（6枚分）と作り方

1 にんじん3㎝を5㎜幅の輪切りにし、花型で抜いて、飾り包丁を入れる（花びらの間に包丁を入れ、中心まで浅い切り込みを入れ、その切り込みに向かって、花びらの外側から斜めに浅く包丁を入れて削り取る。慣れないうちは、にんじんを少し厚めに切るとよい）。

2 白だし小さじ1と水小さじ2を合わせた中に漬けて、ひと晩おく。

※漬物感覚で食べる。やわらかく煮てもよい。

ささ身のたらこ巻き

材料（1人分）と作り方

1 とりささ身1本は筋を除いて観音開きにし、軽くたたいて厚さを均等にし、酒、塩各少々をふる。

2 **1**の手前に細めのたらこ½腹をのせて巻いていく。

3 巻き終わりを下にして、魚焼き網で転がしながら、全面をまんべんなく焼く。油少々を熱したフライパンで焼いてもよい。

※冷凍保存可能。

おにぎりボール (P52)

材料（6個分）

豚ひき肉…100g
玉ねぎ…50g
なす…25g
にんじん…10g
生しいたけ…1枚
しょうがのみじん切り、
　にんにくのみじん切り…各少々
黒いりごま、ごま油…各小さじ1
水溶き片栗粉
片栗粉…小さじ¼＋水…小さじ½

A
- 酒、しょうゆ…各大さじ1
- 砂糖…小さじ1と½
- コチュジャン…小さじ½
- 中華だしの素…少々

作り方

1 ごま油をフライパンに熱し、しょうがとにんにくを炒め、香りが出たらひき肉を炒め、玉ねぎ、なす、にんじん、しいたけのみじん切りも加えて炒める。水大さじ1と**A**を加えて炒り煮にし、水溶き片栗粉を加えて汁けを閉じ込める。

2 ごまを混ぜて粗熱を取る。

3 大さじ1ずつラップに包んで、冷凍保存する。

ノンフライヤー活用弁当(P53)

焼きなす

材料(1人分)と作り方

なす1個のガクの下にぐるりと浅い切り込みを入れ、太い部分を数か所竹串で刺す。200℃のノンフライヤーで、やわらかくなるまで加熱する。指に水をつけながら、ガクから下に向かって皮をむく。

ポテトサラダと卵のコロッケ

材料(1人分)と作り方

ゆで卵1個を半分に切って、断面にポテトサラダ適量をつけて卵の形にし、天ぷら粉適量を水で溶いたころもをつけ、パン粉適量をまぶし、200℃のノンフライヤーで8分ほど焼く。

前日の青椒肉絲《チンジャオロースー》で春巻き

材料(1人分)と作り方

1 青椒肉絲1人分に、片栗粉少々を振りかけて混ぜる。

2 春巻きの皮1枚で包んで、巻き終わりを小麦粉少々を水で溶いたのりで留める。

3 ノンフライヤーのバスケットに並べ、200℃で10分ほど加熱する。

ミニトマトのきゅうり巻き

材料(1人分)と作り方

きゅうりを縦に1枚ピーラーで薄く削り、ミニトマトに巻きつけてようじで留める。

ちくわ巻き

ちくわを縦半分に切って、皮目を下にしてまな板に縦に置き、右側半分を同間隔で切っていく。ちくわを裏返して手前からくるくる巻いて、ようじで留める。ちくわは裏、表のどちら向きでもかわいい。

魚肉ソーセージの三つ編みと手まり

魚肉ソーセージをピーラーで縦に薄く削る。縦に置いて、向こう端を2cm残して、幅を3等分に切る。三つ編みにして、編み終わりをようじで留める。端からぐるぐる巻いていけば、手まりになる。

魚肉ソーセージきゅうり巻き

きゅうりをまな板の上に置き、ピーラーで縦に薄くスライスする。魚肉ソーセージも同様にスライスする。2枚を重ねて縦に置き、手前からくるくる巻いてようじで留める。

ハムの花

薄切りハムをまな板に置き、上下を切り離さず真ん中だけを、端から6〜7mm間隔に切り、半分に折って、端から巻いていく。

お弁当に使える飾り切り（P54）

かまぼこのうさぎ

かまぼこは1cm厚さに切り、ピンク色の部分を端からむくように半分くらいまで包丁を入れ、半分に切って折り込む。好みで白い部分の両面に黒ごまで目をつけても。

かまぼこの扇

かまぼこを板付きのまま、まな板に置き、かまぼこの向こう側のまな板に包丁の刃先を押し付けたまま、かまぼこに刃を当て、包丁を左右に細かく動かしながら、下まで切り落とす。板に沿って包丁を入れて板からはずす。

ちくわのチーズ巻き

ちくわをまな板の上に縦に置き、縦に切り目を入れて開き、裏返す。のりをのせ、手前に拍子木切りにしたチーズ、きゅうりと細切りにしたにんじんをのせてくるくる巻いていき、ピックで3か所留める。ピックとピックの間を切る。

鮭のみそ粕漬け焼き
(P56)

材料(4人分)
鮭の切り身…4～8切れ
みそ…100g
酒粕(練り粕)…80g
砂糖…20g
塩…少々

作り方

1 みそと酒粕と砂糖を混ぜる。

2 鮭に塩をパラパラとふりかける。

3 バットに**1**のみそ粕の½量を薄くのばし、その上にガーゼを敷いて、鮭を並べる。ガーゼをかぶせ、残りのみそ粕をまんべんなくぬる。冷蔵室に入れる。

4 漬けて2～3日目が食べごろ。みそ粕から取り出して焼く。器に盛り、好みで大根おろしを添える。

※食べごろになった鮭があまったら、1切れずつラップに包んで冷凍保存する。

ソーセージのひまわり

ソーセージをまな板に横向きに置き、手前と向こう側に竹串を置き、右側から2㎜間隔で切り込みを入れていく。別のソーセージを1㎝幅の輪切りにし、切り口に縦横に細かく切り込みを入れて花の芯を作る。フライパンに油少々を熱してソーセージを炒める。長いほうを丸くして端をようじで留め、中心に芯のソーセージをのせる。

りんごの木の葉

りんごは6～8等分のくし形に切ってまな板の上にのせ、ペティナイフで右端から3㎜ほどの所に切り込みを入れる(切り落とさない)。次に左端から3㎜の所に切り込みを入れて外す。これを2回くり返して元通りに重ね、ずらす。

りんごの市松

りんごを4等分に切り、芯の部分を除く。ペティナイフを使って、縦に5㎜間隔で浅く切り込みを入れる。横にも同間隔で切り込みを入れ、1ますおきに皮をむく。

キャベツシューマイ（P57）

材料（2〜3人分）

豚ひき肉…200g
むきえび…50g
玉ねぎ…½個
長ねぎ…½本
生しいたけ…2枚
溶き卵…½個分
おろししょうが…小さじ½
おろしにんにく…少々
片栗粉…大さじ1

A
- 酒…大さじ1
- しょうゆ…小さじ2
- 砂糖…小さじ1
- 塩…小さじ⅓
- こしょう…少々
- ごま油…小さじ2

キャベツ…¼個
片栗粉（キャベツ用）
…大さじ2

作り方

1 玉ねぎ、長ねぎ、しいたけをみじん切りにしてボウルに入れ、片栗粉をまぶす。

2 別のボウルにひき肉、背ワタを取って小さく切ったえび、溶き卵、しょうが、にんにく、**A**を入れて混ぜ、**1**を加えてよく混ぜる。

※ここで味見をする。小皿に小さじ1ほど取り、電子レンジで加熱して火を通し、味を確かめて調整する。

3 キャベツは太めのせん切りにし、耐熱の器に入れてラップをかけ、電子レンジでしんなりするまで加熱する。ざるにとってさまし、片栗粉をふりかけてまぶす。

4 ラップの上にキャベツ適量をのせ、**2**を大さじ1くらいキャベツの上にのせて丸く成形し、ラップをはずす。これを繰り返す。

5 湯気の上がった蒸し器に並べ、強火で13分ほど蒸す。

※好みで練りからしを添えて。

だし（P60）

材料（作りやすい分量）

なす…1～2個
きゅうり…1本
大根…2㎝
にんじん…少々
みょうが…1個
ゆでた枝豆のむき実…適量
刻み昆布…ひとつまみ
削りがつお…適量
白いりごま…大さじ1
塩、しょうゆ…各適量
みりん…少々

作り方

1 枝豆以外の野菜を細かく刻む。ボウルに水を入れて塩少々を加えて混ぜ、なめてみて塩味が感じられるくらいの塩水を作り、刻んだ野菜を浸けて10分おく。

2 野菜をざるに上げて水をよく切り、ボウルに入れる。

3 **2**に枝豆、刻み昆布、削りがつお、ごまを加えて混ぜる。野菜に塩味がついているので、味見しながら、しょうゆ、みりん、塩で味を調える。

※味つけの基本は塩としょうゆと少しの甘味。味見してもの足りなければ納豆添付のたれ、白だし、めんつゆなどで補う。

きのこの当座煮 (P53、P61)

材料（作りやすい分量）

しめじなど好みのきのこ…1パック
糸こんにゃく…100g
油揚げ…1枚
だし汁…1カップ
酒、みりん、砂糖、しょうゆ…各大さじ1

作り方

1 糸こんにゃくは下ゆでして5cm長さに切る。油揚げは熱湯をかけ、縦半分に切って5mm幅に切る。きのこは小房に分けてざっくり刻む。

2 鍋に**1**とだし汁、調味料を入れて煮る。

3 煮汁が少なくなったら火を止め、ふたをしてさます。

※ちらしずしの具や、炊き込みご飯の具にも使える。

柿酢 (P61)

材料（作りやすい分量）と作り方

煮沸した保存瓶に、皮をむいて適当な大きさに切った柿（正味）100gと氷砂糖100gを入れて米酢½カップを注ぎ、涼しい場所に置く。1日に1回瓶をゆすり、氷砂糖を溶けやすくする。1週間ほどで完成したら、柿を取り出して冷蔵庫で保存する。

※水か無糖の炭酸水で割って飲む。取り出した柿はヨーグルトなどに混ぜて食べるとおいしい。みかんやりんごなどでも同様に作れる。

くるみゆべし（P62）

材料（8個分）

くるみ…20g
白玉粉（粉末）…50g
砂糖…45g
しょうゆ…大さじ½
すり黒ごま…大さじ1
片栗粉…適量

作り方

1 耐熱ボウルに白玉粉と砂糖を入れて泡立て器で混ぜ、水70mℓを3回に分けて加えてはそのつど混ぜ、しょうゆとすりごまも混ぜる。

2 ラップをかけて、500Wの電子レンジで、約2分加熱する。

3 木べらでよく混ぜ、刻んだくるみを入れて混ぜ、再度ラップをかけて500Wで約1分レンジ加熱する。

4 取り出して混ぜて、もう一度ラップをかけて500Wで約1分レンジ加熱する。

5 バットに片栗粉を敷き、その上に**4**をあけ、手に片栗粉をつけて2～3cm厚さに四角くのばして冷ます。

6 冷めて切りやすくなったら、3cm×4cmくらいに切り分ける。

※好みで笹の葉で巻く。しょうゆをみそ小さじ1に替えるとみそ味のゆべしになる。

米粉の台湾カステラ（P63）

材料（15×12×5㎝の角型1台分）

卵（Lサイズ）…3個
こめ油…大さじ2⅓
米粉（製菓用）　または上新粉…50g
牛乳または豆乳…50g
みりんまたははちみつ…10g
砂糖…50g

※型は底が抜けるタイプを使うと、型から取り出しやすい。底が抜けるタイプの流し缶（オーブン対応タイプ）を使ってもよい。
※米粉の代わりに薄力粉を使う場合はふるっておく。

作り方

1 型の底と側面（型の2倍の高さ）にオーブンシートを敷く。卵は卵白と卵黄に分け、卵黄は常温に戻し、卵白は冷蔵庫で冷やしておく。牛乳とみりんを合わせて約40℃に温める。

2 ボウルに油を入れ、米粉を加えて泡立て器でグルグル混ぜる。みりん入り牛乳を3回に分けて加えてはそのつど混ぜ、卵黄を3回に分けて加えて混ぜる。これで黄色生地が完成。

3 別のボウルに卵白を入れ、ハンドミキサーで軽く泡立て、砂糖を3回に分けて加えては泡立て、なめらかでつやのあるメレンゲにする。泡立て器を持ち上げたときにメレンゲが軽くおじぎするくらいがよい。泡立てすぎに注意。

4 メレンゲの¼をゴムべらですくって、黄色生地のボウルに入れてよく混ぜ、メレンゲのボウルに全部あけて、底からゴムべらですくうようにして混ぜる。メレンゲのかたまりがなくなればOK。

5 型に高い位置から生地を流し入れ、テーブルに2～3回トントンと打ちつけて空気を抜く。

6 天板に**5**をのせ、型が2㎜ひたるくらいまで天板に水を注ぎ、160℃に予熱したオーブンで約50分焼く。

7 竹串を刺してみて、生地がついてくるようならさらに10分ほど焼く。

8 型からオーブンシートごと出し、網の上でさます。

おわりに

夫を亡くしてひとり暮らしになり、寂しさを紛らわすようにブログを始めました。このような3年後が待ち受けていると思うはずもなく、ひたすら弱音をはいていました。

日を追うごとにブログの読者が増えていき、コメントをもらえるようになり、だんだんと本来のお茶目気質が出せるようになったころ。出版社のKADOKAWAさんが「本を出しませんか」と声をかけてくださいました。

本のタイトルは、編集の方と相談して決めました。自分が満ち足りているとまでは、正直思っていないです。でも、今は合ってないっぽい「満ち足りた生活」に、これからしていきたいと思います。

人生の後半に、このような花道を作ってくださった編集の原田さん、そこに彩りを添えてくださったライターの野口さん、カメラマンの黒川さん、デザイナーの菅谷さんには感謝の気持ちでいっぱいです。

そして、私のこれまでの人生に関わってくれた全ての人にお礼を言います。

出会ってくれて本当にありがとう。

茶々

昭和27年（1952年）生まれ。19歳で食堂を開店。約30年にわたって料理人として店に立つ。娘2人は結婚して家を離れ、令和2年（2020年）1月に夫が旅立ち、以来初めてのひとり暮らしに。夫の死後ブログを書き始め、自分のために作る昼のお弁当や夕食を毎日紹介し、人気を集めている。
ブログ「67歳　初めての一人暮らし　けなげに暮らそ」
https://hajimetenohitorigurasi.muragon.com/

70歳《さい》
自分《じぶん》にお弁当《べんとう》を作《つく》る
満《み》ち足《た》りた生活《せいかつ》

2023年3月29日　初版発行

著　者　茶々《ちゃちゃ》
発行者　山下 直久
発　行　株式会社 KADOKAWA
〒102-8177　東京都千代田区富士見2-13-3
電話 0570-002-301（ナビダイヤル）
印刷所　図書印刷株式会社

●お問い合わせ
https://www.kadokawa.co.jp/（「お問い合わせ」へお進みください）
※内容によっては、お答えできない場合があります。
※サポートは日本国内のみとさせていただきます。
※ Japanese text only

定価はカバーに表示してあります。

ISBN 978-4-04-897551-3　C0077